AF743591

EL DERECHO FRENTE A LA EXCLUSIÓN. LOS LÍMITES DEL DERECHO ANTIDISCRIMINATORIO

Mª DEL CARMEN BARRANCO AVILÉS

EL DERECHO FRENTE A LA EXCLUSIÓN. LOS LÍMITES DEL DERECHO ANTIDISCRIMINATORIO

uc3m | Universidad Carlos III de Madrid
Instituto de Derechos Humanos
Gregorio Peces-Barba

Dykinson, S.L.

No está permitida la reproducción total o parcial de este libro, ni su incorporación a un sistema informático, ni su transmisión en cualquier forma o por cualquier medio, sea este electrónico, mecánico, por fotocopia, por grabación u otros métodos, sin el permiso previo y por escrito del editor. La infracción de los derechos mencionados puede ser constitutiva de delito contra la propiedad intelectual (art. 270 y siguientes del Código Penal).
Diríjase a Cedro (Centro Español de Derechos Reprográficos) si necesita fotocopiar o escanear algún fragmento de esta obra. Puede contactar con Cedro a través de la web www.conlicencia.com o por teléfono en el 917021970/932720407

Los trabajos publicados en esta colección han sido sometidos a un proceso de evaluación anónima, de acuerdo con los criterios empleados en la comunidad científica.

Los originales, en los que no deberá figurar la identidad del autor, deben ser enviados a la siguiente dirección electrónica: miguelangel.ramiro@uah.es.
Deberá adjuntarse un curriculum vitae del autor. Todos los documentos deberán enviarse en formato Word

El presente trabajo recoge parte de la investigación desarrollada en el marco del proyecto e I+D+i PID2019-108018GB-108918GB-I00, Acceso a la Justicia y Vulnerabilidad, financiado por MCIN/AEI/10.13039/501100011033/.

MINISTERIO DE CIENCIA E INNOVACIÓN

AGENCIA ESTATAL DE INVESTIGACIÓN

CONSEJO EDITORIAL COLECCIÓN "CUADERNOS BARTOLOMÉ DE LAS CASAS"

Agustina Palacios –Universidad Nacional de Mar del Plata–
Ana Garriga Domínguez –Universidad de Vigo–
Ana Maria Marcos del Cano –UNED–
Ángel Llamas Cascón –Universidad Carlos III de Madrid–
Angel Pelayo González-Torre –Universidad de Cantabria–
Consuelo Ramón Chornet –Universidad de València–
Eusebio Fernandez Garcia –Universidad Carlos III de Madrid–
Fernando Llano Alonso –Universidad de Sevilla–
Francisco Javier Ansuátegui Roig –Universidad Carlos III de Madrid–
Gregorio Peces-Barba Martínez –Universidad Carlos III de Madrid–
Isabel Garrido Gómez –Universidad de Alcalá–
Jaume Saura Estapà –Universidad de Barcelona–
Joana Abrisketa Uriarte –Universidad de Deusto–
Maria del Carmen Barranco Avilés –Universidad Carlos III de Madrid–
Maria Jose Añon Roig –Universidad de València–
Miguel Angel Ramiro Avilés (Director) –Universidad de Alcalá–
Miguel Revenga Sánchez –Universidad de Cádiz–
Nestor Osuna Patiño –Universidad Externado de Colombia–
Pilar Nicolas Jimenez –Universidad del País Vasco–
Rafael de Asis Roig –Universidad Carlos III de Madrid–
Roberto Gargarella –Universidad de Buenos Aires–
Teresa Picontó Novales –Universidad de Zaragoza–
Virgilio Zapatero Gómez –Universidad de Alcalá–

© Copyright by
M. Carmen Barranco Avilés
Madrid

Editorial DYKINSON, S.L. Meléndez Valdés, 61 - 28015 Madrid
Teléfono (+34) 91 544 28 46 - (+34) 91 544 28 69
e-mail: info@dykinson.com
http://www.dykinson.es
http://www.dykinson.com

ISBN: 978-84-1122-677-6
Depósito Legal: M-26723-2022

Preimpresión por:
Besing Servicios Gráficos S.L.
e-mail: besingsg@gmail.com

A Jorge,
por su apoyo casi incondicional
en tantas áreas y durante tantos años

ÍNDICE

Introducción

En una línea que comenzó con *Diversidad de situaciones y universalidad de los derechos* y continuó con *Condición humana y derechos humanos*, el objetivo de esta investigación[1] es indagar sobre el modo en el que el Derecho se convierte en cómplice de los sistemas de exclusión, sobre en qué medida el Derecho antidiscriminatorio se ha desarrollado a partir de la confianza en que también puede ser utilizado para deslegitimar la distribución inequitativa del poder social, y, principalmente, sobre cuáles son los límites del Derecho antidiscriminatorio en relación con la inclusión.

El trabajo parte de tres presupuestos. El primero, que el origen de las situaciones de exclusión no se encuentra en el Derecho; el segundo, que el Derecho, sin embargo, puede ser un instrumento útil que, combinado con otros, permita avanzar hacia una sociedad más inclusiva; y el tercero, que en la ideología subyacente a los sistemas contemporáneos de protección de los derechos perviven elementos de una concepción tradicional que constituyen obstáculos para una mayor inclusión.

El contenido se nutre de diversas investigaciones –tanto de carácter básico, como de carácter aplicado– realizadas en los años previos, en las que se ponen de manifiesto algunos de estos límites que se habían evidenciado en la ejecución de distintos proyectos. Efectivamente, mientras la articulación de las garantías antidiscriminatorias, que en buena medida encuentran su origen en la nota a pie 4 de la Sentencia del Tribunal Supremo de los Estados Unidos

---

[1] La investigación que ha permitido preparar el presente volumen es uno de los resultados directos del proyecto PID2019-108018GB-108918GB-I00, Acceso a la Justicia y Vulnerabilidad, financiado por MCIN/AEI/10.13039/501100011033/.

en *Carolene Products*[2], resulta exitosa en relación con algunas situaciones de exclusión, son insuficientes en relación con otras[3]. En las siguientes páginas se muestran algunas de ellas.

Es posible defender que los límites del Derecho antidiscriminatorio tienen que ver al menos con los tres tipos de cuestiones que ya se presentaban como obstáculos a la universalidad en *Diversidad de situaciones y universalidad de los derechos:* fronteras, escasez y el papel de la autonomía. A lo largo del trabajo se indaga sobre las raíces ideológicas de estas exclusiones a través de los ejemplos concretos de las resistencias a la incorporación de la condición económica como un fundamento prohibido de discriminación, al reconocimiento de la igualdad ante la ley de las mujeres en general, y de las mujeres con discapacidad intelectual en particular, y a la conceptualización como discriminación de la falta de accesibilidad, particularmente cuando afecta al acceso a la justicia, aun cuando la consecuencia es que los derechos son menos efectivos para algunas personas que para otras. Excede de su objeto la reflexión sobre el modo en el que los sistemas jurídicos legitiman los tratamientos diferenciados a las personas no nacionales.

Como se mostrará, en la ideología que sustenta el actual Derecho antidiscriminatorio, está arraigada la idea de que la igualdad a realizar a través del Derecho es la igualdad política (y no la igualdad social), por eso, las exclusiones generadas en la falta de recursos no se conceptualizan como discriminaciones. Asimismo, se verá como la representación de la condición humana que está todavía presente en los sistemas de reconocimiento y protección de los derechos, permanece anclada en un modelo tradicional en el que los parámetros de la dignidad se vinculan a la autonomía y a la racionalidad. La reflexión sobre la capacidad pone de manifiesto que la persecución de la discriminación está resultando insuficiente desde el punto de vista de la igualdad precisamente porque no hay un compromiso con la igualdad social más allá de la igualdad política; pero además, porque la pretendida neutralidad del Estado contribuye, junto con la perspectiva individualista, a consolidar la posición de los grupos dominantes; adicionalmente, permea la desconfianza en el papel de la judica-

---

[2] Footnote 4, *United States v. Carolene Products Co.,* 304 U.S. 144 (1938), disponible en *https://supreme.justia.com/cases/federal/us/304/144/*, último acceso, 19-8-2022.

[3] Sobre los límites de *Carolene Products* en relación con minorías anónimas y dispersas, ver B. ACKERMAN, "Beyond Carolene Products", *Harvard Law Review,* 98, 1985, pp. 713-746. Publicado en español como "Más allá de *Carolene Products*", trad. Samanta Biscardi y María Cecilia Garibotti, *Revista Jurídica de la Universidad de Palermo,* 10, nº1, 2009, pp. 125-156.

tura a la hora de controlar las decisiones legislativas relevantes desde el punto de vista de la igualdad.

En cuanto a la estructura, en primer lugar, se reflexionará sobre el surgimiento y desarrollo del Derecho antidiscriminatorio. Tendremos ocasión de mostrar cómo el concepto de igualdad inclusiva que se está abriendo paso en el sistema universal de protección de los derechos humanos no encuentra reflejo en el modo en el que se está aplicando la prohibición de discriminación y que abarca las dimensiones de la redistribución, el reconocimiento, la transformación y la participación. A continuación, se pasará revista a algunos de los problemas sobre los que se reflejan los límites de las herramientas que a día de hoy ofrece: la discriminación por pobreza o condición socioeconómica, la capacidad de las mujeres con discapacidad de disponer de su propio cuerpo y el tratamiento jurídico de la accesibilidad, cuyos problemas se proyectan sobre un derecho clave como es el de acceso a la justicia. Cada uno de estos aspectos se relaciona con una dimensión de la igualdad desatendida por el Derecho antidiscriminatorio. De esta manera, en el desinterés por la pobreza como criterio de discriminación se muestran las carencias en relación con la dimensión redistributiva; por su parte, la incapacitación de hecho, y a veces de Derecho, de las mujeres con discapacidad intelectual implica un fracaso con respecto a la dimensión del reconocimiento; finalmente, la persistencia de barreras que afectan a las personas con discapacidad pone de manifiesto lagunas que afectan a la redistribución, al reconocimiento y a la participación, pero claramente también a la faceta de la igualdad relacionada con la transformación de las estructuras para acomodar la diferencia.

Así pues, los capítulos segundo, tercero y cuarto recogen en parte investigaciones desarrolladas a lo largo de los últimos años, cuya lectura conjunta permite hacerse a una idea de los problemas que escapan a la actual construcción del Derecho antidiscriminatorio, y ponen de manifiesto esa discrepancia entre el compromiso con la igualdad inclusiva y las suspicacias frente a un alcance más amplio las garantías contra la discriminación. De este modo, el contenido del capítulo 2 se nutre de argumentos ya recogidos en "Discriminación, pobreza y derechos sociales", *Revista de Ciencias Sociales*, nº 65, 2015, pp. 31-56, algunos de los cuales fueron posteriormente desarrollados en "Una defensa de la constitucionalización de los derechos sociales", *Derechos y Libertades*, nº 35, 2016; el grueso de la investigación que da pie al capítulo 3 se encuentra en *Minority Reports. Cultural Disability Studies*, 2022; y el apartado de capítulo 4 sobre el acceso a la justicia recoge ideas de "Acceso a la justicia", publicado en A. VÁSQUEZ ENCALADA, (coord.), *Manual sobre justicia y personas con discapacidad*, Suprema Corte de Justicia de la Nación, México DF, pp. 117-151; y de "El concepto de vulnerabilidad con respecto al acceso a la justicia" en F.J. ANSUÁTEGUI ROIG Y M.C. BARRANCO AVILÉS, M.C. (eds.), *Acceso a la justicia y vulnerabilidad,* Dykinson, Madrid, 2022.

Capítulo 1
La (des)igualdad y el Derecho

La crisis provocada por la enfermedad COVID-19 ha tenido un impacto dramático en los derechos humanos. Más allá de la evidencia del coste en términos de vida y de salud, ha revelado lo precario de la protección social en las democracias y, en lo que aquí interesa, la enorme desigualdad que estamos dispuestos y dispuestas a tolerar en contextos que seguimos considerando empapados de la ideología de los derechos.

Efectivamente, desde los mensajes iniciales que nos hicieron pensar que únicamente las personas mayores eran vulnerables a la enfermedad, pasando por las terribles violaciones de derechos cometidas contra las mismas personas mayores o las personas con discapacidad (que se consideraban menos merecedoras de la atención sanitaria escasa) y llegando a una situación como la actual, en la que en algunos lugares de la geografía española (como Madrid) la atención primaria en el sistema público de salud está desmantelada, sólo a partir de los efectos más visibles, la pandemia y su gestión han puesto de manifiesto tanto el carácter excluyente de nuestros sistemas de derechos, como el modo en el que estas exclusiones se legitiman en ideologías muy alejadas de la apuesta por el igual valor de todos los seres humanos que los derechos encierran.

En un momento tan temprano como el segundo semestre de 2020, en la *European equality law review,* la revista de la European network of legal experts in gender equality and non-discrimination que publica la Dirección General de Justicia y Consumidores de la Unión Europea, se incluía un artículo sobre el impacto de la pandemia COVID-19 sobre la igualdad en los Estados Unidos en el que se avalan con datos las siguientes palabras iniciales:

> "Algunos han dicho que un virus no discrimina y que estamos todos juntos en esto; no estamos. En los Estados Unidos, aquellas personas con un riesgo mayor de discriminación y desigualdad tienen de lejos un mayor riesgo de enfermar y morir del virus de la COVID-19. Ha sido particularmente mortal para personas mayores, personas con discapacidades, personas de color, trabajadores con bajo salario y trabajadores de atención domiciliaria y de la salud… Además, los miembros de estos grupos también son las personas más perjudicadas por las consecuencias económicas de la pandemia. Por lo tanto, la pandemia ha exacerbado las desigualdades de la sociedad americana como una 'tormenta perfecta'"[4].

A pesar de las pruebas, las respuestas que se han ofrecido no siempre han tenido en cuenta que las principales víctimas de la pandemia han sido las personas que ya eran víctimas de discriminación, como personas mayores, personas con discapacidad, mujeres, personas pobres, personas racializadas y personas migrantes, en un porcentaje mayor en la medida en que estas condiciones interseccionan. Y a lo anterior se suma que los discursos que refuerzan los estigmas y prejuicios contra estas personas han incrementado su presencia en la escena pública, y desde estas posiciones se cuestiona la legitimidad de las medidas que tratan de corregir los sesgos discriminatorios. No está de más, en este contexto, recordar que el proyecto de los derechos es universalista y que no se puede sostener a la vez el compromiso con los derechos y la justificación de que determinados seres humanos merecen menor consideración y respeto.

De otro lado, también es cierto que el modelo tradicional de derechos se ha construido sobre presupuestos que explican la exclusión de algunas personas de la titularidad y que escapen de su ámbito de aplicación algunas circunstancias en las que la dignidad se ve comprometida. Particularmente, los derechos han tenido dificultades para lidiar con el sufrimiento humano[5]. Gracias al impulso de las teorías críticas que muestran estas exclusiones y tratan de visibilizar los mecanismos a través de los cuáles se producen (feminismos, *Critical Race Theory* o *Critical Disability Studies*[6]), y de los movimientos sociales que

---

[4] D. B. OPENHEIMER, "The impact of the COVID-19 pandemic on equality in the United States", *European equality law review,* 2020/2, pp. 11-21, p. 11. Traducciones del inglés de la autora.

[5] U. BAXI, *The Future of Human Rights,* Oxford University Press, New Delhy, 2022, p. 35.

[6] M.G. BERNARDINI e O. GIOLO (ed.), *Critical Theory of Human Rights, Le teorie critiche del diritto,* Pacini Giuridca, Pisa, 2017.

las acompañan, se ofrecen nuevas posibilidades de representación de la condición humana para las teorías de los derechos, que en alguna medida han sido incorporadas al sistema universal de protección y que permiten hablar de un modelo contemporáneo de derechos humanos.

Un aspecto fundamental sobre el que se construye la diferencia entre ambos modelos, el tradicional y el contemporáneo, en lo que al análisis de las consecuencias de la pandemia se refiere, es el papel y la concepción de la vulnerabilidad. En el modelo tradicional, la vulnerabilidad es una cuestión que afecta a determinados seres humanos que, por esta razón, no pueden ser titulares o no pueden ejercer por sí algunos o todos los derechos; en definitiva, justifica tanto una situación material de desventaja, como un tratamiento diferenciado que en ocasiones puede ser de protección. Por el contrario, en el modelo contemporáneo la vulnerabilidad asume un doble papel, de manera que, por un lado, se asume como una condición humana universal que ha de ser relevante para la organización política y para el Derecho, pero, por otro, se constata que determinadas personas están en situación de vulnerabilidad precisamente porque en el diseño de la sociedad no han sido tenidas en cuenta, lo que las sitúa en desventaja. En este segundo sentido, la vulnerabilidad está relacionada con estructuras sociales de dominación y de opresión que someten a determinadas personas y que se justifican ideológicamente en su condición.

Desde el modelo contemporáneo, tiene sentido que la vulnerabilidad, en tanto que condición y en tanto que situación, se convierta en una cuestión de derechos humanos y que las situaciones de desventaja en que se encuentran las personas de los 'grupos vulnerables', y que aquí se han ilustrado con los datos sobre el impacto de la pandemia, se aborden desde el Derecho antidiscriminatorio. Sin embargo, veremos cómo el concepto de igualdad que inspira de forma predominante el constitucionalismo contemporáneo y la configuración de las garantías antidiscriminatorias se alejan de estos objetivos.

En este capítulo se reflexionará brevemente sobre el concepto de igualdad que se ha relacionado con la protección de derechos a través de la evolución que se aprecia en el sistema universal de protección, a continuación, se intentará justificar que el Derecho antidiscriminatorio no ha evolucionado en coherencia con esta idea de igualdad y, finalmente, se apuntarán algunas de las razones que pueden explicar esta discrepancia.

1.1. LA IGUALDAD EN LOS SISTEMAS DE PROTECCIÓN DE LOS DERECHOS HUMANOS

El reconocimiento de la igualdad asociado a la igual dignidad de todos los seres humanos acompaña las revoluciones burguesas y encabeza los textos de derechos humanos que las abanderan[7]. De un modo u otro, los sistemas de protección de los derechos humanos han incorporado mecanismos orientados a garantizar la igualdad, entre los que se encuentra la prohibición de discriminación; sin embargo, el sentido del compromiso con la igualdad varía de un sistema a otro[8] y no permanece estático a lo largo del tiempo.

La prohibición de discriminación es sólo una de las herramientas implementadas al servicio de la igualdad. Más teniendo presente que, tal y como es definida, la discriminación no da cuenta de todas las formas de desigualdad. Sin embargo, en torno a ella se han aglutinado las garantías jurídicas más potentes. Precisamente, un aspecto a desentrañar en este trabajo es por qué la prohibición de discriminación se ha construido de una determinada manera y por qué la respuesta frente a la discriminación es más contundente que la respuesta frente a otras formas de injusticia. Conviene tener en cuenta, además, que en algunos casos se produce una 'desfundamentalización' del derecho a la igualdad; como ejemplo, puede citarse que la recientemente aprobada Ley de igualdad de trato y no discriminación española es ordinaria. La explicación desde la dogmática jurídica se encuentra en que en la interpretación que hizo el Tribunal constitucional sobre la reserva de ley orgánica del artículo 81.1 CE ("son leyes orgánicas las relativas al desarrollo de los derechos fundamentales y de las libertades públicas, las que aprueben los Estatutos de Autonomía y el régimen electoral general y las demás previstas en la Constitución"), esta se limita a los artículos comprendidos en la Sección Primera, Capítulo Segundo del Título Primero de la Constitución, que literalmente se denomina "De los derechos fundamentales y de las libertades públicas". Sin embargo, el resultado es que esta interpretación produce la devaluación del derecho a la igualdad,

---

7 R. DE ASÍS, "La igualdad en el discurso de los derechos", en J.A. LÓPEZ GARCÍA y J.A. DEL REAL ALCALÁ (Ed.), *Los derechos: entre la ética, el poder y el Derecho*, Madrid, Dykinson, 2000, p.149-168. Sobre la proyección histórica de esta relación, ver G. PECES-BARBA, E. FERNÁNDEZ GARCÍA, R. DE ASÍS ROIG, F.J. ANSUÁTEGUI ROIG Y C. R. FERNÁNDEZ LIESA (Dir.), *Historia de los Derechos Fundamentales,* Dykinson, Madrid. Particularmente los II (2012) y III (2013), dedicados a los siglos XVIII y XIX respectivamente.

8 Ver M. C. BARRANCO AVILÉS, *Diversidad de situaciones y universalidad de los derechos,* Dykinson, Madrid, 2011, pp. 25-40.

contra cuyas vulneraciones, sin embargo, sí es posible activar el amparo. La interpretación parece explicable, siempre desde el punto de vista dogmático, en un contexto en el que la desigualdad sólo se presentaba como relevante en los sistemas de protección de los derechos cuando se relacionaba con otros derechos en ellos reconocidos. Así ocurría en el marco del Consejo de Europa, y parece coherente con la idea de igualdad formal en tanto que igualdad ante la ley e igualdad en la aplicación de la ley.

A pesar de que, como se decía, la prohibición de la discriminación no constituye el único mecanismo jurídico de protección de la igualdad, también es cierto que el alcance de esta prohibición es diferente en función del concepto de igualdad que se haya incorporado al sistema[9]. En este sentido, es usual diferenciar al menos dos conceptos de igualdad, la igualdad formal y la igualdad material, con orígenes en distintas ideologías y en relación con los cuáles las opciones de los diferentes sistemas jurídicos varían. En el marco del sistema universal de protección de los derechos humanos se está articulando un nuevo concepto de igualdad que el Comité sobre los Derechos de las Personas con Discapacidad ha conceptualizado como 'igualdad inclusiva'. Si se adopta el punto de vista de su reflejo en el Derecho, es posible identificar una mutación en el concepto de igualdad a través de tres etapas que Arnardóttir denomina de la identidad universal, de la diferencia específica y de la 'desventaja multidimensional'[10].

La primera etapa se desarrolla entre los años 50 y 70 (período en el que ven la luz el Pacto de Derechos Civiles y Políticos y el Pacto de Derechos Económicos, Sociales y Culturales) y es coherente con el inicial proceso de generalización en la historia de los derechos humanos[11]. En ella, la igualdad asume un

---

9 Sobre el concepto de igualdad son clásicos los trabajos de N. BOBBIO, *Igualdad y libertad,* Paidós, Barcelona, 1993 y L. GIANFORMAGGIO incluidos en el volumen *Eguaglianza, donne e diritto,* a cura di A. FACCHI, C. FARALLI y T. PITCH, Il Mulino, Bolonia, 2005. Ver asimismo M.J. AÑÓN, *Igualdad, diferencias y desigualdades,* Fontamara, Madrid, 2001.

10 O.M., ARNARDÓTTIR, «A Future of Multidimensional Disadvantege Equality?, in Arnardóttir, O.M and Quinn, G, *The UN Convention on the Rights of Persons with Disabilities. European and Scandinavian Perspectives,* Martinus Nijhoff Publisheres, Leiden-Boston, 2009, pp. 41-66.

11 Sobre los procesos en la historia de los Derechos, ver G. PECES-BARBA, R. DE ASÍS ROIG, C.R. FERNÁNDEZ LIESA Y A. LLAMAS CASCÓN, *Curso de Derechos Fundamentales. Teoría General*, BOE-uc3m, Madrid, 1995, pp. 154-197. La idea de estos procesos precisamente como procesos y no como momentos se refleja en R. DE ASÍS ROIG, *Cuestiones de derechos,* Universidad Externado de Colombia, Bogotá, 2005, pp. 91-134, donde presenta la necesidad de una nueva generalización de los derechos frente a un esquema en el que la nacionalidad se articula como un criterio de exclusión.

sentido formal y, en la medida en que el objetivo es tratar igual a quienes son iguales y desigual a quienes son los desiguales[12], la discriminación únicamente puede afectar a personas que forman parte del mismo grupo (por ejemplo, resulta coherente que un tratamiento diferenciado y más perjudicial para las mujeres en el ámbito laboral como consecuencia de un embarazo, no pudiera constituir una discriminación porque los hombres no pueden encontrarse en esta situación[13]). En este escenario, la prohibición de discriminación es un mandato de no tener en cuenta los motivos prohibidos, dado que, en palabras de S. Fredman:

> "Desde un enfoque de igualdad formal, el género, la raza, el origen étnico u otras condiciones se consideran irrelevantes. Esto presupone que es a la vez deseable y posible abstraer a un individuo de estos aspectos de su identidad y tratarlo enteramente en base al "mérito""[14].

Al respecto de la igualdad formal, y en el contexto del constitucionalismo europeo[15], Encarnación Carmona relata cómo el principio de igualdad inicialmente se entiende en tanto que igualdad ante la ley, que no era más que la generalidad, e igualdad en la aplicación de la ley, que implicaba la 'legalidad' de las decisiones judiciales[16]. La igualdad ante la ley en este sentido, constituye un límite al legislador, pero, señala la autora, "estamos mucho más en el ámbito del principio lógico de no contradicción que en el del principio ético de igualdad"[17]. En su opinión, en el caso de la Europa, es tras la Segunda

12 Se trata de la igualdad de trato formal, G. PECES-BARBA, R. DE ASÍS ROIG, C.R. FERNÁNDEZ LIESA Y A. LLAMAS CASCÓN, *Curso de Derechos Fundamentales*, cit., p. 285.

13 En *Geduldig v. Aiello*, 417 U.S. 484 (1974), la Corte Suprema de los Estados Unidos consideró que no eran discriminatorio que los riesgos de un embarazo normal no estuvieran cubiertos por el seguro como una incapacidad temporal. Disponible en *https://supreme.justia.com/cases/federal/us/417/484/* (último acceso 15-5-22).

14 S. FREDMAN, *Discrimination Law,* Clarendon, Oxford University Press, New York, 2011.

15 Un análisis conceptual se encuentra en M.C. BARRANCO AVILÉS, *Diversidad de situaciones y universalidad de los derechos,* cit., pp. 31-40.

16 Para la descripción de estas distintas acepciones ver A.E. PÉREZ LUÑO, *Dimensiones de la igualdad,* Dykinson, Madrid, 2005, pp. 19-36.

17 E. CARMONA CUENCA, "El principio de igualdad material en la jurisprudencia del Tribunal Constitucional", *Revista de Estudios Políticos,* nº 84, 1994, pp. 265-285, p. 268. También L. HIERRO SÁNCHEZ-PESCADOR, "Igualdad, generalidad, razonabilidad y crisis de la ley", *Doxa,* 26, 2003, pp. 449-476, p. 449, rechaza la generalidad como un requisito vinculado a la igualdad entre los seres humanos. Sobre la historia del reconocimiento jurídico de la igualdad y cómo modifica su significado, ver F. RUBIO LLORENTE, "La igualdad en la jurisprudencia del Tribunal Constitucional. Introducción", *Revista Española de Derechos Constitucional,* nº 31, 1991, pp. 9-36.

Guerra Mundial cuando la igualdad se convierte en un derecho fundamental cuyo contenido se traduce en la obligación del legislador de 'fundamentar las diferenciaciones normativas'. Cuando el objetivo es la igualdad formal, la discriminación es una cuestión intragrupal y se produce cuando se trata de forma diferente a personas que forman parte del mismo grupo[18].

Desde los años 70, la idea de la diferencia específica se sitúa en línea con el proceso de especificación en la Historia de los derechos. En este período empiezan a considerarse como relevantes desde el punto de vista de la igualdad ciertas diferencias sustantivas relacionadas con cuestiones que se consideran biológicas e inmutables y en estos casos se acepta que puede ser discriminatoria una medida que impacte desfavorablemente en quienes biológicamente están en desventaja. En estos supuestos empieza a entrar en juego el concepto de discriminación indirecta. Además, y aunque en términos generales la articulación de la garantía de la discriminación se relaciona con deberes negativos por parte del Estado, también comienzan a justificarse deberes positivos que tienen que ver con tratamientos diferenciados orientados a compensar los efectos de la mencionada desventaja. En este contexto comienzan a introducirse ideas como las controvertidas acciones positivas o los ajustes razonables y ve la luz, por ejemplo, la Convención para la Eliminación de todas las Formas de Discriminación contra la Mujer. La mutación surge de la idea de que "tratar a dos personas igual, cuando una llega a la situación ya cargada con una desventaja, no hace más que perpetuar la desventaja"[19]. No obstante, se mantiene la diferencia entre el plano en el que opera la prohibición de discriminación, que sigue siendo el de la igualdad formal, y el plano de la igualdad material, en el que opera ese otro tipo de medidas[20].

---

18 M. BARRÈRE UNZUETA, "Problemas del Derecho antidiscriminatorio: subordinación *versus* discriminación y acción positiva *versus* igualdad de oportunidades, *Cuadernos Electrónicos de Filosofía del Derecho,* nº 9, 2003, disponible en *https://dialnet.unirioja.es/servlet/articulo?codigo=759148#:~:text=Texto%20completo%20(pdf)* (último acceso 5-9-2022).

19 S. FREDMAN, "Disability Equality: A Challenge to the Existing Anti-Discrimination Paradigm", in A. LAWSON and C. GOODING (Ed.), *Disability Rights in Europe. From Theory to Practice,* Hart Publishing, Oxford and Portland, 2005, pp. 199-219, p. 203.

20 En esta línea, K. HENRARD, "The Impact of the Enlargement Process on the Development of a Minority Protection Policy within the EU: Another Aspect of Responsibility/ Burden-sharing?", *Maastricht Journal of European and Comparative Law*, 9/4, 2002, 357-393, p. 370, disponible en *http://ssrn.com/abstract=1973019* (ultimo acceso 5-9-2022) diferencia entre dos tipos de acciones en la protección de las minorías, prohibición de discriminación y medidas positivas: "un sistema completo de protección de las minorías consiste en un conglomerado de reglas y mecanismos que permiten una integración efectiva de los grupos de población relevantes, al mismo tiempo que les permite conservar sus características separadas. Dicho

Junto a ello, es importante considerar que permanece la idea de que el patrón de medida de la igualdad lo constituyen los seres humanos 'estándar', frente al resto, que se tienen por diferentes. En cualquier caso, hay un cierto interés en el desarrollo del Derecho antidiscriminatorio por las cuestiones materiales y además empieza a plantearse la idea de que la discriminación tiene que ver con relaciones entre grupos.

Una buena parte de las dificultades en relación con las acciones positivas y, en general, con la consideración de las cuestiones materiales en la construcción del Derecho antidiscriminatorio se deben a que siguió predominando el enfoque desde la igualdad formal. Según Carmona, desde la perspectiva constitucional, la igualdad material parece por primera vez, 'al margen de las Constituciones socialistas', en el artículo 3.2 de la Constitución italiana de 1947[21], sin embargo, en los textos de derechos humanos es posible rastrear otro concepto de igualdad con un significado que trasciende la exigencia de racionalidad y que es el que se vincula con la igual dignidad. En cualquier caso, la igualdad material supone tener en cuenta las condiciones de existencia para determinar si la igualdad requiere la equiparación o la diferenciación y esto sólo en parte se refleja en la garantía antidiscriminatoria.

La distinción entre igualdad formal y material permanece en el Derecho y en la dogmática constitucional, pero es posible afirmar con Fernando Rey que estamos ante una falsa contraposición. El autor insiste en que se trata conceptos diferentes, pero no existe contradicción entre ellos. En su caracterización, relaciona la igualdad sustancial con la diferenciación de trato e insiste en que "la igualdad "real" es la misma igualdad "formal" cuando entre en juego algún criterio de diferenciación de trato jurídico en favor de grupos sociales en desventaja querido por el constituyente o el legislador"[22].

sistema se basa en dos pilares o principios básicos, a saber, la prohibición de la discriminación, por un lado, y las medidas diseñadas para proteger y promover la identidad separada de los grupos minoritarios, por el otro. La protección de las minorías *sensu lato* comprende no sólo medidas de no discriminación, sino también todo tipo de medidas "especiales" destinadas a proteger y promover la identidad diferenciada de las minorías, siendo estas últimas la protección de las minorías en sentido estricto".

21 E. CARMONA CUENCA, "El principio de igualdad material en la jurisprudencia del Tribunal Constitucional", cit., p. 272.

22 F. REY MARTÍNEZ, "¿De qué hablamos cuando hablamos de igualdad constitucional?", *Anales de la Cátedra de Francisco Suárez,* nº45, 2011, pp. 167-181. El razonamiento es el siguiente: "la igualdad sustancial implica el deber para los poderes públicos de establecer diversas diferencias de trato jurídico en favor de ciertos colectivos sociales (la infancia, la juventud, la tercera edad, los discapacitados físicos y psíquicos, los consumidores, los desemplea-

Sin embargo, esta equiparación no se traslada a la reflexión sobre el alcance de la prohibición de discriminación. Al contrario, en su trabajo presenta la igualdad sustancial como una cuestión política en la medida en que corresponde al legislador decidir cómo se satisface y a qué grupos alcanza. Y ello a diferencia de la prohibición de discriminación que, en la categorización que lleva a cabo a partir del Derecho español, opera como una regla y no se refiere a cualquier grupo desaventajado, sino sólo a aquéllos que "según la experiencia histórica, son víctimas de una profunda y arraigada discriminación, marginación u hostilidades sociales"[23]. La cuestión es qué ocurre cuando el colectivo o la marginación no tienen tanta historia (por ejemplo, el colectivo de personas con VIH cuando se inició la pandemia)[24], o qué ocurre cuando para enfrentar la 'marginación' se requiere de la implementación de medidas de tratamiento diferenciado. Más adelante, al hilo de la reflexión sobre el alcance de la prohibición de discriminación, se profundizará en estas cues-

dos, las familias, etc.), en función de criterios de desigualdad no sólo jurídicamente razonables y válidos (que enervan cualquier posible discusión sobre la validez de esa diferencia de trato jurídico –si bien puede subsistir la disputa no sobre el "qué", pero si por el "cómo" y el "cuánto"–), sino –vale decir– especialmente legítimos en cuanto expresamente queridos por el constituyente. Es decir, la igualdad real, en el Estado social, se ubica dentro del esquema conceptual de la "igualdad formal": la igualdad "real" es la misma igualdad "formal" cuando entre en juego algún criterio de diferenciación de trato jurídico en favor de grupos sociales en desventaja querido por el constituyente o el legislador. Al contraponer radicalmente igualdad formal y real, se opera con un concepto de igualdad "formal" que la confunde con "identidad" (de trato) y de ahí las dificultades para encajar en este contexto las desigualdades jurídicas de trato típicas de la igualdad real. Pero la igualdad (tampoco la "formal") no es identidad: es un criterio que se presume racional para medir la legitimidad de las desigualdades de trato jurídico. Concurriendo criterios de desigualdad de trato como la infancia, las minusvalías, la carencia de empleo, etc., el juicio de igualdad, esto es, de razonabilidad de las diferencias, se torna más fácil: cuentan a su favor con una presunción constitucional (o legal) *iuris tamtum* de validez", p. 170.

[23] F. REY MARTÍNEZ, "¿De qué hablamos cuando hablamos de igualdad constitucional?", p. 173.

[24] O. FISS, "Groups and the Equal Protection Clause", *Philosophy and Public Affairs,* 1976, 5/2, pp. 107-177, p. 151, resuelve la cuestión insistiendo en que el problema es la duración de la subordinación y no si esta ha tenido lugar en el pasado o se prolongará en el futuro: "la cuestión temporal crítica es la duración, no si la subordinación ha tenido lugar en el pasado o en el futuro. El pasado tiene sólo una relevancia probatoria; nos permite emitir juicios sobre cuánto tiempo el grupo ocupará la posición de subordinación. Si el grupo ha ocupado la posición de subordinación durante los últimos dos siglos, ciertamente es probable que ocupe esa posición durante mucho tiempo en el futuro, a menos que se tomen medidas correctivas. Por otro lado, si tuviéramos la seguridad de que, a pesar de la historia pasada, la subordinación terminará mañana, no habría ocasión para una estrategia redistributiva en nombre de este grupo. De manera similar, si se nos dice que hoy está a punto de comenzar un período de subordinación perpetua para otro grupo, deberíamos estar tan preocupados por el estatus de ese grupo como lo estamos con los negros".

tiones que se relacionan con los límites del Derecho antidiscriminatorio, por el momento, conviene adelantar que esta caracterización parece presentar la prohibición de discriminación como vinculada a la vertiente 'formal' de la igualdad y la conecta con obligaciones negativas de respeto (no discriminar) y obligaciones positivas únicamente de garantía, de manera que a pesar de la afirmación inicial, el autor termina mostrando cómo en el Derecho constitucional español, que es en ello un ejemplo del constitucionalismo europeo, la igualdad material no se maneja como una obligación constitucional. Como se expondrá, ello guarda relación con la desconfianza hacia la judicatura, pero también tiene que ver con las preferencias presentes en el desarrollo de la Constitución. En definitiva, aun cuando se considera que la igualdad jurídica trasciende la igualdad de trato, la prohibición de discriminación se vincula únicamente a esta dimensión, lo que resulta insuficiente a la luz de un modelo contemporáneo de derechos[25].

Y es que la polémica sobre la tensión entre igualdad formal y material refleja una disputa ideológica que divide a quienes consideran que el reconocimiento de derechos implica la garantía de un ámbito de libertad como no interferencia y quienes consideran que la garantía de los derechos implica también establecer las condiciones adecuadas para que quienes son titulares tengan la capacidad de ejercerlos. Esta discrepancia se aborda desde distintos puntos de vista, como el que se centra en el concepto de libertad que se relaciona con los derechos y en si esta es negativa o positiva, y que lleva a los defensores de la libertad como libertad negativa a establecer una distinción entre libertad y capacidad[26]. En cualquier caso, a ella subyacen distintas concepciones de los derechos humanos, de entre las cuales la opción por la igualdad material supone también que los derechos, todos los derechos, generan obligaciones positivas y negativas. En la Observación General 31 (2004), que sustituye a la Observación General 3 (1981), el Comité de Derechos Civiles y Políticos introduce esta idea: los Estados parte deben 'abstenerse de violar los derechos' pero también deben adoptar las medidas que sean apropiadas para garantizarlos. Si esta dicotomía desaparece en relación con la igualdad, es difícil explicar, si no

[25] M.J. AÑÓN ROIG, "Transformaciones del derecho antidiscriminatorio: avances frente a la subordinación", *Revista Electrónica. Instituto de Investigaciones Ambrosio K. Gioja,* nº 26, 2021, pp. 29-53, p. 35.

[26] I. BERLIN, "Dos conceptos de libertad", en *Cuatro ensayos sobre la Libertad,* trad. J. Bayón, Alianza, Madrid, 1988, pp. 187-243. Sobre la relación entre la teoría de las capacidades y los derechos humanos ver M. C. NUSSBAUM, "Capabilities and Human Rights", Fordhanm Law Review, nº 66 (2), 1997, pp. 273-300.

es por razones ideológicas que, al menos, no se reformule en relación con la operatividad de las cláusulas antidiscriminatorias[27].

Y, claramente, la tensión entre igualdad formal y sustancial, tal y como ha sido presentada, deja de tener sentido desde el concepto que se ha abierto paso en la última etapa que se aprecia en el sistema universal de protección de los derechos humanos. Efectivamente, a partir de los 90 en el sistema universal empieza a tomarse conciencia sobre el modo en el que la distribución social del poder entre los grupos afecta a la eficacia de los derechos y sobre la relevancia de las prácticas sociales discriminatorias como un requisito para la igualdad. El sentido de la igualdad se alinea con un modelo renovado de derechos, que resulta de la inserción en el Derecho internacional de algunas de las reflexiones de las teorías críticas a través del impulso de los movimientos sociales[28]. La Convención sobre los Derechos de las Personas con Discapacidad (CDPD) consolida esta última etapa y es en este escenario en el que cabría pensar que hay que entender en la actualidad el alcance del derecho a la igualdad y de la prohibición de discriminación en el sistema universal.

La Observación General 6, precisamente, es el instrumento en el que el Comité sobre los Derechos de las Personas con Discapacidad aclara el significado del reconocimiento de la igualdad y el alcance de la prohibición de discriminación contenidos en el tratado[29]. En ella, el Comité señala que la Convención contiene un nuevo modelo de igualdad, la igualdad inclusiva, que abarca a la igualdad sustantiva y amplía el contenido de la igualdad en tres dimensiones: "a) una dimensión redistributiva justa para afrontar las desventajas socioeconómicas; b) una dimensión de reconocimiento para combatir el estigma, los estereotipos, los prejuicios y la violencia, y para reconocer la dignidad de los

[27] Comité de Derechos Civiles y Políticos, Observación General nº 31 (2004), Naturaleza de la obligación jurídica general impuesta a los Estados Partes en el Pacto, CCPR/C/21/Rev.1/Add.13, disponible en *https://tbinternet.ohchr.org/_layouts/15/treatybodyexternal/Download.aspx?symbolno=CCPR%2fC%2f21%2fRev.1%2fAdd.13&Lang=en* (último acceso 22-8-22). La coexistencia de obligaciones positivas y negativas derivadas de los derechos contenidos en el Pacto de Derechos Económicos, Sociales y Culturales, ya se apreciaba en la Observación General 3 (1990), La índole de las obligaciones de los Estados Partes, del Comité de Derechos Económicos, Sociales y Culturales, disponible en *https://tbinternet.ohchr.org/_layouts/15/treatybodyexternal/Download.aspx?symbolno=INT%2fCESCR%2fGEC%2f4758&Lang=en* (último acceso 22-8-2022).

[28] M.C. BARRANCO AVILÉS, "Justicia, vulnerabilidad y derechos humanos", *Ordines. Per un sapere interdisciplinare sulle istituzioni europee,* nº 2, 2022.

[29] Comité sobre los Derechos de las Personas con Discapacidad, Observación General nº 6 (2018) sobre la igualdad y la no discriminación (CRPD/C/GC/6), *https://documents-dds-ny.un.org/doc/UNDOC/GEN/G18/119/08/PDF/G1811908.pdf?OpenElementb* (último acceso 22-8-2022).

seres humanos y su interseccionalidad; c) una dimensión participativa para reafirmar el carácter social de las personas como miembros de grupos sociales y el reconocimiento pleno de la humanidad mediante la inclusión en la sociedad; y d) una dimensión de ajustes para dar cabida a la diferencia como un aspecto de la dignidad humana"[30].

El concepto de igualdad inclusiva se sitúa en la esfera de la 'desventaja multidimensional' en la terminología de Arnardóttir, y coincide con la propuesta de comprensión de la igualdad sustantiva que presenta S. Fredman. Para esta autora, frente a aproximaciones parciales, el enfoque multidimensional de la igualdad sustantiva permite abordar la interacción entre las diferentes facetas de la desigualdad. Efectivamente, señala Fredman, en este plano de la igualdad sustantiva, los trabajos desde la Filosofía y la Política tienden a centrarse en la desigualdad distributiva, mientras que la abogacía especializada en discriminación considera que el derecho a la igualdad se ocupa principalmente de combatir los prejuicios y estereotipos considerando a las desigualdades distributivas como un ámbito de responsabilidad de los operadores políticos. Pero lo anterior, no agota las dimensiones a abordar, en la medida en que también es importante considerar las desigualdades en la participación y los obstáculos estructurales a la igualdad, y, además, es necesario comprender y abordar las formas en que interactúan[31]. Particularmente interesante resulta la idea de que "a diferencia de la igualdad formal, la igualdad sustantiva es expresivamente asimétrica, reconociendo que no es tanto el estatus de un individuo o la identidad del grupo el problema, sino las consecuencias perjudiciales asociadas a ese estatus"[32], porque con ello, queda de lado el requisito de la aplicación de los motivos prohibidos desde la neutralidad, que, como se verá, es uno de los límites que afectan a los actuales desarrollos del Derecho antidiscriminatorio.

En cualquier caso, si el compromiso es la igualdad inclusiva, también el concepto de discriminación debería ampliarse para dar cuenta de aquellas situaciones en las que es posible identificar un grupo económicamente desaventajado, o particularmente estigmatizado o excluido de la participación signifi-

---

30 Comité sobre los Derechos de las Personas con Discapacidad, Observación General nº6, cit., par. 11.

31 S. FREDMAN, "Substantive equality revisited", *International Journal of Constitutional Law*, Vol. 14(3), 2016, p. 728. La autora también desarrolla el alcance de cada una de las dimensiones de la igualdad inclusiva que en su trabajo se denomina 'igualdad sustancial', en la segunda edición de *Discrimination Law,* cit, pp. 26-33.

32 S. FREDMAN, *Discrimination Law,* cit., p. 26.

cativa en sociedad (marginado) o que se enfrenta a barreras específicas que no afectan al resto de la población.

A continuación, se prestará atención al modo en el que, sin embargo, sigue conceptualizándose la discriminación en los sistemas de protección de los derechos.

1.2. LA PROHIBICIÓN DE DISCRIMINACIÓN EN LOS SISTEMAS DE PROTECCIÓN DE LOS DERECHOS HUMANOS

Para entender el alcance de la prohibición de discriminación y sus límites desde el punto de vista de la exclusión, se toma como referencia el sistema universal de protección de los derechos humanos[33], que, en la medida en que sean parte de los distintos tratados, es vinculante para los Estados. Este sistema resulta, en términos generales, más exigente en cuanto al alcance de las cláusulas antidiscriminatorias que los sistemas regionales y los derechos nacionales[34].

La configuración de la garantía contra la discriminación en el sistema universal deriva del contenido de los tratados, a partir de la interpretación que de ellos hacen los organismos que estos habilitan. Si bien es cierto que la protec-

---

33 En el marco de las Naciones Unidas, la prohibición de la discriminación es un elemento fundamental del sistema de protección de los derechos humanos que además ha sido incluido como un aspecto importante en la Agenda de Desarrollo Sostenible (objetivo 10. 2 Agenda de Desarrollo Sostenible). Asamblea General, ONU, Resolución de 25 septiembre 2015, *Transformar nuestro mundo: La agenda 2030 para el desarrollo sostenible* (A/RES/70/1), *https://unctad.org/system/files/official-document/ares70d1_es.pdf https://unctad.org/system/files/official-document/ares70d1_es.pdf* (último acceso 16-5-2022).

34 Para obtener una panorámica sobre los estándares interamericanos y europeos de igualdad y no discriminación puede consultarse el documento de la Comisión Interamericana de Derechos Humanos, *Compendio sobre igualdad y no discriminación. Estándares interamericanos,* 2019, OEA/Ser.L/V/II.170 Doc. 31, disponible en *https://www.refworld.org.es/docid/5e2f2fe74.html*, último acceso 22-8-2022; y el Manual europeo publicado en inglés en 2018 y traducido como Agencia de los Derechos Fundamentales de la Unión Europea y Consejo de Europa, *Manual de legislación europea contra la discriminación,* Oficina de Publicaciones de la Unión Europea, Luxemburgo, 2019, disponible en *https://fra.europa.eu/sites/default/files/fra_uploads/fra-2018-handbook-non-discrimination-law-2018_es.pdf* (último acceso 22-8-2022). También de utilidad el informe de la European network of legal experts in gender equality and non-disrimination, preparado por I. Chopin and C. Germaine, *A comparative análisis of non-discirmination law in Europe 2019,* Publicacion Office of the European Union, Luxembourg, 2020, disponible en *https://op.europa.eu/es/publication-detail/-/publication/a88ed4a7-7879-11ea-a07e-01aa75ed71a1/language-en/format-PDF/source-264633799* (ultimo acceso 22-8-2022).

ción que se ofrece por los distintos organismos varía, también se ha generado un concepto común, consecuencia de su actividad, y, por excelencia, de los Comités de los Pactos de 1966, conforme al cual la discriminación se define como "cualquier distinción, exclusión, restricción o preferencia o cualquier otro trato diferenciado basado directa o indirectamente en los motivos prohibidos de discriminación, y cuyo objeto o efecto sea anular o menoscabar el reconocimiento, goce o ejercicio, en igualdad de condiciones, de los derechos enunciados"[35]. Además, es posible afirmar que la incitación a la discriminación y el acoso se incluyen en el concepto de discriminación en este sistema de protección[36]. La CDPD considera asimismo que la denegación de ajustes razonables constituye una forma de discriminación.

Es importante subrayar que en el sistema universal existe un derecho autónomo a la igualdad y no discriminación que se deriva del artículo 26 del Pacto de Derechos Civiles y Políticos, que prohíbe la discriminación de hecho o de derecho en cualquier esfera sujeta a la normativa y la protección de las autoridades públicas[37].

Tal y como se ha ido forjando el concepto, la prohibición de discriminación abarca tanto la discriminación directa, como la discriminación indirecta. Se han incluido también otras categorías como la incitación a la discriminación y el acoso (que se definen como discriminación directa) y el Comité de Derechos de las Personas con Discapacidad considera que la discriminación por razón de discapacidad abarca la discriminación por asociación.

La discriminación directa implica un trato menos favorable o actos u omisiones comparativamente perjudiciales desde el punto de vista del ejercicio de los derechos, cuando se basan en uno de los motivos de discriminación prohibidos; la prohibición de discriminación se limita, por tanto, al trato diferenciado. La discriminación indirecta tiene que ver con la desventaja despropor-

---

[35] Comité de Derechos Civiles y Políticos, Observación General nº 18 (1989) No-discriminación, par. 7, *https://tbinternet.ohchr.org/_layouts/15/treatybodyexternal/Download.aspx?symbolno=INT%2fCCPR%2fGEC%2f6622&Lang=sp* (último acceso 22-8-2022), que basa el concepto en las cláusulas antidiscriminatorias de la Convención para la Eliminación de todas las Formas de Discriminación Racial y la Convención para la Eliminación de todas las Formas de Discriminación contra la Mujer.

[36] Comité de Derechos Económicos Sociales y Culturales, Observación General nº 20 (2009) sobre la no discriminación en el ejercicio de los derechos económicos, sociales y culturales (E/C.12/GC/20), par. 7 *https://tbinternet.ohchr.org/_layouts/15/treatybodyexternal/Download.aspx?symbolno=E%2fC.12%2fGC%2f20&Lang=sp* (último acceso 22-8-2022).

[37] Comité de Derechos Civiles y Políticos, Observación General nº 18, cit., par. 12.

cionada de ciertos grupos en relación con normas o prácticas aparentemente neutrales; la conducta a evitar es el impacto diferencial. Aunque no siempre ha sido así, la intención de discriminar no se requiere en ningún caso para que exista discriminación en el marco de este sistema.

Por otro lado, en este nivel, la diferenciación no constituye un ataque a la igualdad cuando está justificada, lo que ocurre si se basa en criterios razonables y objetivos y si el fin que se persigue es legítimo. Los distintos organismos han establecido criterios diferentes en relación con la justificación. En términos generales, si un trato diferenciado menos favorable o un impacto diferencial y desventajoso para los grupos protegidos no se justifica por la necesidad de lograr un objetivo legítimo y proporcionado, hay discriminación. La intensidad del escrutinio que llevan a cabo los organismos varía en función del motivo de discriminación. En los tratados, además de algunos motivos expresamente prohibidos se incluye una cláusula abierta por la que se prohíben causales equivalentes; en estos casos, el escrutinio (que de otro modo es de mínimos) es estricto y además los organismos establecen mecanismos de inversión de la carga de la argumentación, de manera que corresponde a quien introduce la diferencia de trato o a quien produce el impacto diferenciado justificar que no es una discriminación. Es importante tener en cuenta que no todos los organismos de los tratados han extendido el alcance de la cláusula abierta a los mismos motivos prohibidos.

Otro concepto de discriminación incorporado al sistema y que merece atención es el de discriminación sistémica. Se entiende como un "conjunto de reglas legales, políticas, prácticas o actitudes culturales prevalecientes en el sector público o en el sector privado que crean desventajas en relación con ciertos grupos y privilegios para otros grupos" y existe en situaciones donde la discriminación está "fuertemente arraigada en el comportamiento y la organización de la sociedad"[38]. En algunos marcos se denomina discriminación estructural. La discriminación estructural es una situación de hecho que no siempre se traduce en conductas discriminatorias que se correspondan con los conceptos jurídicos conocidos; muy al contrario, la presencia de discriminación estructural permite justificar las desventajas que afectan a determinados grupos sociales y con ello dificulta la identificación de la discriminación, incluso para las personas que son discriminadas. Precisamente si un grupo es

[38] Comité de Derechos Económicos Sociales y Culturales, Observación General nº 20, cit., par. 12.

objeto de discriminación estructural, es porque culturalmente se presume que el trato diferenciado o el impacto desventajoso están justificados y, de este modo, se elude el control por parte del Derecho.

Para compensar esta discriminación arraigada en la estructura social, los Estados están facultados para tomar "medidas en favor de los grupos desfavorecidos, encaminadas a disminuir o eliminar las condiciones que dan lugar o contribuyen a perpetuar la discriminación prohibida" [39]. Estas medidas especiales no constituirán discriminación si se basan en criterios razonables y objetivos y si el fin perseguido es legítimo. En estos casos, y siempre que la medida implique un tratamiento o un impacto comparativamente más favorable para el grupo en desventaja, el escrutinio que realizan los organismos es intermedio.

Por otro lado, también en la última etapa en relación con el sentido de la igualdad, se toma conciencia de que los grupos no son homogéneos, tampoco en cuanto a la distribución del poder, y esta heterogeneidad puede afectar a la eficacia de las normas que protegen contra la discriminación. De este modo, los organismos llaman la atención sobre la necesidad de considerar las situaciones en las que las personas pueden ser víctimas de discriminación múltiple y, con posterioridad, se preocupan también por la discriminación interseccional. La discriminación múltiple se refiere a situaciones en las que una persona experimenta dos o más motivos de discriminación[40]. Cuando los motivos interactúan de tal manera que son inseparables[41], se habla de discriminación interseccional y estos supuestos tienen especial dificultad para encajar en los conceptos de discriminación legalmente establecidos, que normalmente piensan en un solo motivo de discriminación. Aunque el concepto de discriminación interseccional no se incluye siempre en los instrumentos de lucha contra la discriminación, es una herramienta de análisis especialmente interesante para visualizar los desequilibrios de poder entre quienes conforman el grupo y, en

---

39 Comité de Derechos Civiles y Políticos, Observación General nº 18, cit., par. 10.

40 Comité para la Eliminación de todas las Formas de Discriminación contra la Mujer, Recomendación General nº 25 (2004) sobre las medidas temporales especiales, par. 12, (CEDAW/C/GC/25). *http://tbinternet.ohchr.org/_layouts/treatybodyexternal/Download.aspx?symbolno=INT/CEDAW/GEC/3733&Lang=* (último acceso 16-5-2022).

41 Comité para la Eliminación de todas las Formas de Discriminación contra la Mujer, Recomendación General nº 28 (2010) relativa al artículo 2 de la Convención sobre la Eliminación de Todas las Formas de Discriminación contra la Mujer (CEDAW/C/GC/28), par. 18. *http://tbinternet.ohchr.org/_layouts/treatybodyexternal/Download.aspx?symbolno=CEDAW%2fC%2fGC%2f28&Lang=es* (último acceso 17-5-2022).

particular, los relacionados con el género, que están presentes en prácticamente cualquier grupo.

La discriminación racial, junto con la discriminación por razón de sexo, son los aspectos por los que tradicionalmente en el Sistema Universal de protección se ha mostrado una mayor preocupación. Sin embargo, en este nivel no se considera discriminatorio el establecimiento de diferencias entre nacionales y extranjeros, salvo que constituya discriminación racial[42].

El artículo 14 del Convenio Europeo para la Protección de los Derechos Humanos y de las Libertades Fundamentales (CEDH), aprobado en 1950 (y coherente con la concepción de la igualdad como igualdad formal) prohíbe la discriminación en relación con los derechos reconocidos en el tratado. Es en el Protocolo nº12 (2000), que entró en vigor el 1 de abril de 2005, donde la prohibición de discriminación adquiere un carácter general al extenderse "al goce de todos los derechos reconocidos por ley" y señalarse que "nadie puede ser objeto de discriminación por parte de cualquier autoridad pública, basada en particular en los motivos mencionados en el apartado 1". Los motivos que se señalan son: "sexo, raza, color, lengua, religión, opiniones políticas o de otro carácter, origen nacional o social, pertenencia a una minoría nacional, fortuna, nacimiento o cualquier otra situación". Esta extensión es muy importante, porque supone que el derecho a la no discriminación es un derecho autónomo y no sólo alegable en relación con otros derechos.

Además de la prohibición presente en otros textos del Sistema Regional Europeo, el artículo E, Parte V, de la Carta Social Europea (revisada) compele a los Estados a garantizar "el disfrute de los derechos reconocidos en la presente Carta sin discriminación alguna basada, en particular, en la raza, el color,

---

[42] Efectivamente, el artículo 1.2 del Convención Internacional sobre la Eliminación de Todas las Formas de Discriminación Racial excluye del ámbito de aplicación del tratado "las distinciones, exclusiones, restricciones o preferencias que haga un Estado parte en la presente Convención entre ciudadanos y no ciudadanos". El Comité para la Eliminación de Todas las Formas de Discriminación Racial interpretó el alcance de esta cláusula teniendo en cuenta la Declaración de Durban, en la Recomendación General XXX (2005) y como resultado, señala que las exclusiones contenidas en el artículo 1 no pueden suponer una excepción a la Declaración Universal y a los dos Pactos de 1966, de manera que de ningún modo legitima las diferencias de trato basadas en la ciudadanía o en el estatuto migratorio, que serán discriminatorias salvo que se justifiquen en la necesidad de alcanzar un objetivo legítimo y que resulten proporcionales. Comité para la Eliminación de Todas las Formas de Discriminación Racial, Recomendación general Nº XXX, *Sobre la discriminación contra los no ciudadanos,* 2005, disponible en *https://tbinternet.ohchr.org/_layouts/15/treatybodyexternal/Download.aspx?symbolno=INT%2fCERD%2fGEC%2f7502&Lang=en* (último acceso 5-9-2022).

el sexo, la lengua, la religión, las opiniones políticas o de otra naturaleza, la extracción o el origen social, la salud, la pertenencia a una minoría nacional, el nacimiento o cualquier otra situación".

A partir de la interpretación de la Comisión y del Tribunal Europeo de Derechos Humanos (TEDH), se prohíbe tanto la discriminación directa, como la indirecta, y se considera discriminatorio tanto la incitación como el acoso[43], así como también las **órdenes de discriminar**[44]. Asimismo, el TEDH presta cierto interés a la discriminación que se produce en situaciones de desigualdades complejas, a través de la idea de especial vulnerabilidad, por ejemplo, en el caso *Beauty Salomon v. España*. No obstante, no ha incorporado de un modo coherente y constante la dimensión de la interseccionalidad en su jurisprudencia y es posible afirmar que en sus decisiones se encuentran de forma predominante elementos del modelo de la diferencia específica y solo algunas argumentaciones incorporan elementos del punto de vista de la desventaja multidimensional o de la igualdad inclusiva.

Como se anunciaba, si se toma como punto de partida el concepto de igualdad inclusiva, es posible apreciar las limitaciones que presenta la articulación de la prohibición de discriminación. Por esta razón, también es posible identificar un concepto amplio y uno restringido de discriminación. El segundo, relativo a cada contexto normativo, daría cuenta de los tratamientos de exclusión prohibidos. El primero, haría referencia a las situaciones en las que las exclusiones tienen que ver con la pervivencia de prejuicios y estereotipos, en definitiva, de las ideologías que justifican que determinadas personas estén en desventaja con respecto a los grupos dominantes por referencia a una condición personal compartida real o atribuida; por tanto, haría referencia a la discriminación estructural.

Al respecto, Fernando Rey diferencia discriminación en sentido amplio, que se relaciona con igualdad de oportunidades, y discriminación en sentido técnico. La discriminación en sentido técnico suele ser un concepto más limitado en alcance y en cuanto a los motivos prohibidos. Si se relaciona con la igualdad inclusiva, la discriminación en un sentido amplio vendría a hacer referencia a rupturas de la igualdad (que pueden entenderse como desventajas[45]) que afectan de forma desproporcionada a personas que comparten o a las

---

43 Đorđević contra Croacia, 41526/10, 24 de julio de 2012, disponible en *https://hudoc.echr.coe.int/fre?i=002-5540* (último acceso 5-9-2022).

44 Bączkowski y otros contra Polonia, 1543/06, 3 de mayo de 2007, disponible en *https://hudoc.echr.coe.int/eng?i=001-80464* (último acceso 5-9-2022).

45 S. FREDMAN, "Substantive equality revisited", cit., p. 728.

que se atribuye una característica común[46]. No obstante, esta vinculación no se produce en el constitucionalismo español, como bien refleja la reflexión de Fernando Rey, tampoco aparece en el constitucionalismo de nuestro entorno, ni en el sistema regional europeo, y sólo está presente de forma embrionaria en el sistema universal de protección de los derechos humanos. Frente a todos ellos, son todavía hoy pertinentes las críticas que Fredman formulaba frente al Derecho de la entonces Comunidad Europea en 1992: el concepto de igualdad que manejan es limitado por su dependencia de una norma de comparación que generalmente remite al grupo dominante; asumen la dicotomía entre igualdad y diferencia, de manera que una vez justificada la diferencia queda derogado el principio de igualdad; asumen la neutralidad y mantienen la perspectiva individual[47].

Es posible, por consiguiente, apreciar un desfase entre el modo en el que en el sistema universal se está configurando el objetivo de la igualdad y las garantías que en los planos regional y nacional se orientan a preservar de la discriminación. Se ha mostrado en el apartado anterior cómo todavía en estos niveles, y aun cuando en algunos contextos (es el caso español) se incorpore la igualdad sustancial dentro del concepto de igualdad jurídica, la discriminación se vincula a la igualdad formal. En el caso español, que puede servir como ejemplo, esta idea se pone de manifiesto en el rechazo por parte del Tribunal Constitucional de la 'discriminación por indiferenciación'[48]. El concepto es utilizado por el TEDH en *Thlimmenos contra Grecia*, de 6 de abril de 2000[49]. Se trata de un hombre testigo de Jehová que es condenado porque se niega a llevar uniforme militar y al que con posterioridad se le impide acceder a la función pública de censor jurado de cuentas debido a que había recibido una condena penal. En este caso, el TEDH considera que puede existir discriminación "cuando los Estados sin una justificación objetiva y razonable no logran tratar de forma diferente a personas cuyas situaciones son significativamente diferentes", sin embargo, la aplicación para determinar que existió

---

46 Frente a esta estipulación, F. Rey considera que una ruptura del principio general de igualdad constituye una discriminación en sentido amplio, pero parece desvincular este sentido amplio de la referencia a 'grupos'. F. REY MARTÍNEZ, "¿De qué hablamos cuándo hablamos de igualdad constitucional?", cit., p. 171.

47 S. FREDMAN, "European Community Discrimination Law: A critique", in *International Law Journal,* 21/2, 1992, pp. 119-134, p. 120.

48 F. REY MARTÍNEZ, "Igualdad y prohibición de discriminación: de 1978 a 2018", *UNED. Revista de Derecho,* nº 100, 2017, pp. 125-171, pp. 133 ss.

49 Case of Thlimmenos v. Greece, 34369/97, 6 de abril de 2000, *https://hudoc.echr.coe.int/fre?i=001-58561* (último acceso 22-8-22).

discriminación ha resultado ser excepcional. En el supuesto en cuestión, el problema se construye desde la igualdad de trato y es interpretado como una excepción que se orienta a "alcanzar una solución justa"[50], de manera que no puede decirse que suponga una reorientación de la jurisprudencia europea en torno al concepto de discriminación.

Por ejemplo, no se mantiene esta línea en la sentencia del TEDH en *Chapman vs. United Kingdom* (2001), que da respuesta a la demanda presentada por una familia gitana frente a las medidas sancionadoras que le fueron aplicadas por instalar caravanas en un terreno de su propiedad. La demandante considera, entre otras vulneraciones, que ha sido víctima de discriminación contraria al artículo 14 del Convenio Europeo de Derechos Humanos. Incluso tratándose de un 'grupo vulnerable', en la decisión se considera justificada la doctrina del margen de apreciación para determinar la necesidad del establecimiento de medidas restrictivas para acampar con caravanas en determinados lugares, porque, señala el Tribunal, las autoridades nacionales están mejor situadas que una corte internacional para evaluar las necesidades y condiciones locales (párr. 91). Asimismo, el Tribunal señala que "además, conceder a un Gitano que haya instalado su caravana en un lugar particular un trato diferente del otorgado a los no-Gitanos que han acampado en este lugar o del otorgado a cualquier individuo que haya construido una casa en este lugar, plantearía problemas sustanciales bajo el artículo 14 de la Convención" (párr. 95), y más adelante, "los demandantes no han sido tratados peor que cualquier no-Gitano que quiera vivir en una caravana y encuentre desagradable vivir en una casa" (párr. 97)[51].

Las precauciones frente a la idea de que la discriminación se produce cuando se tratan de modo igual circunstancias sustancialmente diferentes se co-

---

50 F. Rey Martínez, "¿De qué hablamos cuando hablamos de igualdad constitucional?", cit., p. 171.

51 Case of Chapman vs. United Kingdom (GC), 27238/95, 18 de enero de 2001, *https://hudoc.echr.coe.int/eng?i=001-59154* (último acceso 22-8-22). En *Connors v. The United Kingdom* (GC), 39665/98 40086/98, 27 de mayo de 2004, disponible en *https://hudoc.echr.coe.int/eng?i=001-61795* (último acceso 22-8-2022), sin embargo, el TEDH considera que el margen de apreciación debe reducirse porque la decisión de desalojo que se cuestiona tuvo como consecuencia que la familia quedara sin hogar y que se afectara el acceso a la educación y a los servicios de salud, adicionalmente, el demandante estaba legalmente instalado. En este caso estaba en juego un desalojo sumario de una familia gitana que las autoridades justifican en el incumplimiento de las condiciones de licencia porque se considera que el demandante había causado ruido en el lugar de acampada (el demandante, por el contrario, señala que las molestias se habían producido en la parcela contigua en la que vivían su hija y el marido de esta). Se llega a la conclusión de que durante el proceso no se demostró suficientemente la justificación del desalojo sumario y se condena al Estado a indemnizar al demandante.

nectan con algunos de los límites del Derecho antidiscriminatorio. En primer lugar, tiene que ver con que se mantiene la distinción entre igualdad formal y material y la preferencia por la primera, pero también guarda relación con las precauciones en relación con las funciones asumidas por 'la judicatura' en el marco del constitucionalismo (que en Chapman se traducen en la aplicación del 'margen de apreciación'). Asimismo, puede verse cómo algunos de los argumentos para limitar el alcance de la prohibición de discriminación se basan en la defensa de la neutralidad estatal (en el caso, se traduce en la equiparación de la opción de la población gitana por vivir en caravana con la opción realizada por cualquier otra persona que encuentra desagradable vivir en una casa).

En definitiva, el alcance de la garantía antidiscriminatoria depende en cada contexto de cuestiones que se relacionan con la filosofía política subyacente[52]. Koppelman sintetiza las teorías sobre la justificación del Derecho antidiscriminatorio en procesales y materiales. Las justificaciones centradas en el proceso arrancan de la ya mencionada nota a pie cuatro de *United States v. Carolene Products*. En ella se establece que la presunción de constitucionalidad de las decisiones legislativas cede cuando existe un prejuicio contra minorías discretas e insulares:

> "El prejuicio contra minorías discretas e insulares puede ser una condición especial, que tiende a restringir seriamente el funcionamiento de los procesos políticos en los que normalmente se confía para proteger a las minorías, y que puede requerir una investigación judicial correspondientemente más exhaustiva"[53].

Koppelman incluye en este grupo las propuestas de Dworkin y Ely. Estas teorías consideran que la decisión legislativa es defectuosa cuando se introducen elementos contaminantes que impiden que la ciudadanía sea tratada con igual consideración y respeto. En opinión de Koppelman, sin embargo, ambas son insuficientes para asegurar el objetivo de garantizar que todos los intereses estén representados en la adopción de decisiones, que es el que Ely considera adecuado para justificar la intervención judicial[54]. En opinión de este último autor, los intereses no están representados cuando se dan dos condicio-

---

52 O. FISS, "Groups and the Equal Protection Clause", cit.

53 Nota a pie 4, *United States v. Carolene Products Co.*, cit. Traducción de la autora.

54 J. DORADO, *El debate sobre el control de constitucionalidad en los Estados Unidos. Una polémica sobre la interpretación constitucional,* Dykinson, Madrid, 1997, pp. 101 y ss.

nes: la intención de desaventajar a una minoría o el prejuicio en su contra[55]. Sin embargo, como muestra Koppelman frente a la argumentación que Ely emplea para rechazar la idea de discriminación contra la gente pobre, el deber de representación que contiene *Carolene* se infringe cuando los intereses de un colectivo se valoran negativamente, pero también cuando no se tienen en cuenta. Este mismo deber también se infringe cuando los prejuicios operan de forma inconsciente porque están culturalmente arraigados[56]. En ambos casos, las personas afectadas no son tratadas con igual consideración y respeto, pero las teorías procesales no son suficientes para evitar estas contaminaciones que se producen en el contexto social y no en el proceso mismo.

Tampoco resultan satisfactorias las dos teorías sustanciales que el autor analiza: la teoría del estigma y la teoría del grupo desaventajado. La primera porque, entiende, se orienta a eliminar el estigma, pero falla a la hora de proponer qué estigmas son impermisibles y desconsidera la realidad social más amplia en la que el estigma se inserta; la segunda porque se centra en eliminar las desigualdades materiales presentes en la realidad social, es decir, en los resultados, pero desconsidera el plano simbólico. La propuesta de Koppelman es una combinación de las tres teorías (procesales, del estigma y del grupo desaventajado), puesto que cada una de ellas se concentra en un aspecto del problema que afronta el Derecho antidiscriminatorio, que no es otro que el de la creencia de que algunas personas merecen menos consideración o respeto por una característica que los relaciona con un grupo, en el problema en el que se fija el autor, por razón de su raza:

> "Cada uno de los tres diagnósticos del problema apunta a una aspiración que no se puede realizar si solo se aborda ese síntoma en particular. El proceso de toma de decisiones no puede repararse sin sellar la fuente de contaminación, que resulta ser el racismo arraigado en la cultura en general. No se puede acabar con el estigma racial sin cambiar los hechos sociales en los que se inscribe ese estigma y que a su vez lo reinscriben cotidianamente. Las desigualdades materiales no pueden abordarse sin cambiar el proceso por el cual se generan y legitiman. Las tres teorías apuntan hacia un problema mayor" [57].

En esta línea, el concepto de igualdad inclusiva aborda tanto el prejuicio, como la desventaja y la participación, a los que añade la dimensión transfor-

---

[55] J. ELY, *Democracy and Distrust. A Theory of Judicial Review,* Harvard University Press, Cambridge/Massachusetts/London, 1980.

[56] A. KOPPELMAN, *Antidiscrimination Law and Social Equality,* Yale University Press, New Haven and London, 1996, pp. 38-43.

[57] A. KOPPELMAN, *Antidiscrimination Law and Social Equality,* cit., p. 98.

madora. Sin embargo, las propuestas que se han realizado para aproximar el Derecho antidiscriminatorio a estos presupuestos se enfrentan a distintos argumentos, algunos de los cuáles serán repasados en el siguiente apartado.

1.3. SOBRE LOS LÍMITES DEL DERECHO ANTIDISCRIMINATORIO

Es coherente con el modelo contemporáneo de derechos considerar la discriminación como una cuestión grupal que guarda relación con las estructuras sociales, no obstante, en los apartados anteriores y en los capítulos que siguen se comprueba que la implementación de este presupuesto en los sistemas jurídicos encuentra resistencias en la pervivencia de asunciones propias del modelo moderno.

Estas resistencias tienen que ver con los límites que Fredman atribuía al Derecho de la Unión Europea, y podemos rastrearlas a través de la pervivencia de la perspectiva individual, de la aproximación desde la neutralidad y de la prioridad de la igualdad formal[58], con la que conectan tanto las anteriores como la prioridad de los argumentos económicos.

Junto a los límites señalados, es preciso plantear los que derivan de la reflexión sobre la articulación entre legislativo y judicial en el Estado constitucional. Ciertamente cuando la prohibición de discriminación se hace derivar de disposiciones constitucionales –lo que no sucede en todos los sistemas ni en todos los ámbitos–, los órganos de control asumen competencia para adjudicarlas. Esta situación ha hecho que hayan sido ellos, y el Tribunal Supremo de los Estados Unidos tuvo históricamente un papel protagonista, quienes han impulsado el desarrollo del Derecho antidiscriminatorio. Pues bien, un avance de este Derecho en un sentido más coherente con la igualdad inclusiva se enfrenta también al llamado 'argumento democrático', conforme se desarrollará más adelante.

1.3.1. La perspectiva desde lo individual para resolver un problema de relaciones entre grupos

Efectivamente, la aproximación al problema de la discriminación se ha realizado desde la perspectiva individualista, lo que unido a los otros presu-

58 S. FREDMAN, "European Community Discrimination Law: A critique", cit., p. 120.

puestos apuntados que se explican sólo si la prohibición de discriminación se asocia a la idea de igualdad formal, implica desconsiderar las reivindicaciones que llevan a cabo los grupos desaventajados, que están en la base el Derecho antidiscriminatorio y que son las mismas que impulsan la transformación del concepto de igualdad en el sistema universal de protección de los derechos y la emergencia del modelo contemporáneo[59]. La cuestión es que esta bifurcación de la garantía antidiscriminatoria y la mutación del concepto de igualdad también lleva a perder de vista el problema que en definitiva se pretende atajar, precisamente, la presencia de grupos desaventajados, cuya situación peor se considera justificada en una condición menos valiosa compartida por las personas que forman parte de esos grupos. Sin embargo, en palabras de Barrère, a estos grupos les resulta

> "particularmente preocupante comprobar… que el concepto de discriminación (y de lo discriminatorio) elaborado por la cultura jurídica liberal, concebido como mera ruptura del principio aristotélico, carece de vínculos significativos con la estructuración del «poder sobre» en la sociedad, y que, en consecuencia, los instrumentos clásicos del Derecho antidiscriminatorio (conceptos de discriminación directa e indirecta y, con mayor relevancia política, el de acción afirmativa o positiva) adolecen de un alcance muy limitado"[60].

La autora, a través de diversos trabajos, desarrolla la idea de que un Derecho antidiscriminatorio capaz de dar respuesta a este problema pasa por la redefinición del concepto de discriminación en su sentido técnico[61] a partir del concepto de subordiscriminación. Con este término, se haría referencia "al conjunto de tratos que, adquiriendo significación en uno o varios sistemas

---

[59] C. O'CINNEIDE, "A New Generation of Equality Legislation? Positive Duties and Disability Rights", in A. LAWSON and C. GOODING, *Disability Rights in Europe. From Theory to Practice,* Hart Publishing, Oxford and Portland, 2005, PP. 219-247, p. 223, afirma "la mayor parte del derecho anti-discriminatorio existente adopta un aproximación formal e individualista que requiere que los individuos sean tratados igual, este énfasis en lo que Fredman ha caracterizado como "igualdad como identidad", ignora el hecho de que alcanzar la igualdad sustantiva puede requerir que las características específicas de los grupos sean tomadas en consideración y que se adopten pasos positivos para asegurar su inclusión y participación igual en la sociedad".

[60] M.A. BARRÈRE UNZUETA, "Interseccionalidad como desafío al *mainstreaming* de género en las políticas públicas", *Revista Vasca de Administración Pública,* 87-88, 2010, pp. 225-252.

[61] Con D. MORONDO, desarrolla este concepto a partir de los trabajos de Young, MacKinnon y Crenshaw. Ver M.A. BARRÈRE UNZUETA y D. MORONDO TARAMUNDI, "Surbodiscriminación y discriminación interseccional: elementos para una teoría del Derecho antidiscriminatorio", *Anales de la Cátedra de Francisco Suárez,* 45, 2011, pp. 15-42.

de poder, inferiorizan el estatus de ciertos grupos sociales e impiden que ese estatus cambie (es decir, que lo reproducen)"[62]. El concepto plantea muchas cuestiones de relevancia[63], pero en este momento resulta pertinente reflexionar sobre la idea de que el origen de la discriminación se encuentra en los sistemas de poder en los que unos grupos dominan y otros son sometidos. En este esquema, como en el que propone Koppelman, la discriminación aparece como un fenómeno intergrupal, por tanto, que afecta a las personas individualmente consideradas en la medida en que se las asigna a un grupo dominado/excluido de la toma y en la toma de decisiones y esta dominación/exclusión se justifica en que las personas de ese grupo tienen un menor valor.

Sin embargo, las dificultades para entender la discriminación como un problema relacionado con las relaciones entre los grupos han llevado a que los remedios se hayan construido predominantemente como acciones individuales y a que, por ejemplo, las acciones positivas hayan sido controvertidas por generar 'discriminación inversa'. Frente a lo anterior, si se desplaza la perspectiva hacia los grupos, las medidas de acción positiva pueden considerarse orientadas a asegurar la igualdad de oportunidades y, no, como se critica, la igualdad de resultados. Desde esta perspectiva, además, adoptar una posición de neutralidad en relación con los motivos prohibidos, implica reforzar la situación de desequilibrio preexistente, que es precisamente el problema que se quiere resolver.

La perspectiva individualista como un obstáculo para el desarrollo del Derecho antidiscriminatorio se refleja en España en la polémica a propósito de las medidas de acción positiva, concretamente, de las cuotas electorales. Entre los argumentos que sustentan la cuestión y el recurso de inconstitucionalidad que resuelve la Sentencia del Tribunal Constitucional 12/2008 de 29 de enero[64] se encuentra la referencia al artículo 14. En opinión de la parte recurrente, podrían ser coherentes con la Constitución medidas o acciones

[62] M.A. BARRÈRE UNZUETA, "Filosofías del Derecho antidiscriminatorio ¿Qué Derecho y qué discriminación? Una visión contra-hegemónica del Derecho antidiscriminatorio", *Anuario de Filosofía del Derecho*, 34, 2018, pp. 11-42, p. 32. La propuesta pasa por utilizar el concepto para dar nombre al nuevo modelo de Derecho antidiscriminatorio, que sería Derecho antisurbodiscriminatorio para diferenciarlo del modelo tradicional.

[63] Como el interés por la idea de trato, frente a la perspectiva de la situación, para definir el comportamiento discriminatorio y la idea de que este puede ser por acción y por omisión. M.A. BARRÈRE UNZUETA, "Filosofías del Derecho antidiscriminatorio ¿Qué Derecho y qué discriminación? Una visión contra-hegemónica del Derecho antidiscriminatorio", cit., pp. 35 y ss.

[64] Sentencia 12/2008, de 29 de enero de 2008 (BOE de 29 de febrero de 2008).

positivas amparadas en el artículo 9.2 y orientadas a conseguir la igualdad de oportunidades, de manera que la pertenencia a un grupo desfavorecido no constituya un obstáculo en el logro de las metas de los individuos. Sin embargo, estas intervenciones dejan de ser legítimas cuando perjudican a otros individuos en este mismo objetivo. A pesar de que el Tribunal considera constitucional la medida discutida (que establece que las candidaturas electorales deben mantener una proporción de hombres y mujeres entre el 40 y el 60 por ciento), se mantiene en la perspectiva individual. Efectivamente, en primer lugar, en la sentencia se subraya que de la normativa a debate no se deriva una condición de elegibilidad, por lo que 'no afecta inmediatamente al derecho de sufragio pasivo individual' (FJ3), sino de una exigencia para partidos políticos, sus federaciones y coaliciones y agrupaciones de electorales. Además, el Tribunal Constitucional entiende que el sistema de cuotas flexibles por el que se opta es adecuado para conciliar las exigencias de los artículos 9.2 y 14 de la Constitución. Parece extraerse de la argumentación que si las cuotas favoreciesen formalmente a las mujeres, no pasarían el test de la prohibición de discriminación, con lo que una vez más se desconsidera que la situación de partida no es neutral para las personas de ambos sexos y se legitima la desventaja que constituye el punto de partida desde el que se justifica la acción positiva.

Una discusión relacionada, que en este momento no se va a abordar, tiene que ver con cómo se construyen los grupos, en mayor medida cuando, en el actual Derecho antidiscriminatorio, el grado de escrutinio y, por tanto, la distribución del peso de la argumentación, depende de que se justifique la presencia de uno de los motivos considerados especialmente odiosos[65]. En relación con esta cuestión Fiss encontraba algunos de los límites del Derecho antidiscriminatorio en 1976, en relación con el cual ve difícil explicar por qué la lista de criterios es una y no otra y por qué la intensidad del escrutinio depende de que el supuesto encaje en el criterio adecuado; como alternativa, el autor propone el principio del grupo desaventajado[66], que en la propuesta de Young son los grupos oprimidos[67].

---

65 Un análisis de las opciones presentes en el Derecho positivo se encuentra en S. FREDMAN, *Discrimination Law,* cit., p. 109-143.

66 O. FISS, "Groups and the Equal Protection Clause", cit., pp. 147 ss.

67 I.M. YOUNG, *Justice and the Politics of Difference*, Princeton University Press, N. Jersey, 2011, cit. pp. 39-65. Hay traducción de la edición de 1990 por S. Álvarez, Cátedra, Madrid, 2000.

1.3.2. La neutralidad sobre una situación de disparidad de estatus

Se ha mostrado cómo la perspectiva desde lo individual, junto con la adopción de una posición neutral en el manejo de los motivos prohibidos, implica que la prohibición de discriminación se considere como un instrumento al servicio de la igualdad formal. Se ha citado el ejemplo de la respuesta ante las cuotas electorales tal y como han sido implementadas en la normativa española, pero también en esta perspectiva se sitúa el rechazo a la violencia de género como un concepto específico. En ambos supuestos, la pretendida posición neutral tiene el efecto de consolidar el desequilibrio previo que, como se decía, es la circunstancia en la que tiene origen la discriminación.

En cualquier caso, la actual opción lleva consigo una toma de postura en favor de la igualdad política frente a la igualdad social como objetivo del Derecho. Tal preferencia contribuye a la defensa de la neutralidad estatal en dos sentidos: como la ausencia de interferencia del Estado con los valores de los individuos y como la aplicación de la cláusula antidiscriminatoria teniendo en cuenta la presencia del criterio prohibido y no el estatus del grupo que comparte ese criterio.

En relación con lo anterior, Koppelman considera que en la mentalidad política norteamericana conviven dos ideas difíciles de compatibilizar y cuya tensión se refleja en estas discusiones en torno al Derecho antidiscriminatorio, por un lado, la idea de que las creencias de la ciudadanía no son asunto del gobierno en una sociedad libre y, por otro, la idea de que "el racismo, el sexismo e ideologías similares son tan perversas y destructivas del funcionamiento adecuado de una sociedad libre que el estado debería hacer todo lo posible para erradicarlas"[68]. El autor presenta ambas proposiciones como incompatibles y entiende que el Derecho antidiscriminatorio desde la Guerra Civil había intentado conciliarlas. En primer lugar, relata, la estrategia fue debilitar el segundo principio en favor del primero, el ejemplo lo sitúa en la decisión del Tribunal Supremo en Plessy v. Ferguson (1896), que consolida el principio de 'separados pero iguales', y cita la interpretación de la Decimocuarta Enmienda que se hace en esta decisión:

> "(t)he object of the amendment was undoubtedly to enforce the absolute equality of the two races before the law, but in the nature of things it

[68] A. KOPPELMAN, *Antidiscrimination Law and Social Equality*, cit., p. 1.

> could not have been intended to abolish distinctions based upon colour, or to enforce social as distinguished from political equality…"[69].

La distinción fue posteriormente cuestionada a partir de *Brown v. Board of Education* (1954)[70], al declarar la segregación inconstitucional. En lo que aquí interesa, mientras que en *Plessy* parece establecer el deber de la mayoría de gobernar sin 'parcialidad racial', en *Brown* puede entenderse que además existe el deber de 'dejar de ser racista' (deber que posteriormente se extendió a otro tipo de prejuicios, particularmente al sexismo y la homofobia). Esta idea de que la prohibición de discriminación encierra un deber del Estado de transformar la mentalidad de la ciudadanía es altamente controvertida desde un esquema liberal, pero, sólo si se acepta, el Derecho antidiscriminatorio puede alinearse con la igualdad inclusiva y con el objetivo último de los derechos, que es que "la sociedad reconozca el igual valor de todos sus miembros"[71].

Así pues, el Derecho antidiscriminatorio también encuentra como límite la defensa de la neutralidad entendida en el sentido de la primera proposición que presenta Koppelman, en la medida en que esta constituye un obstáculo a la transformación cultural que la igualdad inclusiva requiere.

Por su parte, cuando se mantiene una posición neutral en relación con la aplicación de las cláusulas antidiscriminatorias, en el sentido de que lo relevante es la presencia del criterio prohibido y no el estatus del grupo, de nuevo, su desarrollo en línea con la igualdad inclusiva está limitado. Ya se ha apuntado que en las críticas a las acciones positivas se mantiene tanto la perspectiva individualista como, precisamente, la neutralidad. Al respecto de las valoraciones de esta herramienta, Fredman traza tres posibilidades, la de quienes consideran que en todo caso se trata de una ruptura de la igualdad, la de quienes consideran que es una excepción cuya posibilidad debe contemplarse restrictivamente y, finalmente, la de quienes consideran que es un medio adecuado para conseguir la igualdad sustancial[72].

También en este caso la neutralidad implícita en las dos primeras opciones se relacionan estrechamente con la asociación entre prohibición de discrimi-

---

[69] *Plessy v. Ferguson,* 163 U.S. 538, 534 (1896), disponible en *https://supreme.justia.com/cases/federal/us/163/537/* (última consulta 5-9-2022).

[70] *Brown v. Board of Education of Topeka,* 247 U.S. 483 (1954), disponible en *https://supreme.justia.com/cases/federal/us/347/483/* (última consulta 5-9-2022).

[71] A. KOPPELMAN, *Antidiscrimination Law and Social Equality,* cit., p. 11.

[72] S. FREDMAN, *Discrimination Law,* cit. p. 233.

nación e igualdad formal a la que ya se ha hecho referencia en varias ocasiones. En la medida en que se considera que la igualdad es igualdad ante la ley, resulta coherente considerar que las preferencias que el Estado pueda establecer entre la ciudadanía son, en principio, ilegítimas. Sin embargo, desde la perspectiva de la igualdad sustantiva, la intervención en favor de determinados grupos puede ser considerada como un deber del Estado relacionado con la prohibición de discriminación.

1.3.3. La igualdad formal, la igualdad sustancial y el coste de la no discriminación

La misma mentalidad liberal que reclama la neutralidad en los dos sentidos presentados en el apartado anterior, respalda la libertad como no interferencia como el objetivo del Estado y de los derechos[73]. Ya han sido mencionadas las dificultades que existen desde estas coordenadas para justificar deberes positivos a partir de los derechos. En este punto se encuentra otro de los límites del Derecho antidiscriminatorio que además se relaciona con la defensa del mercado como el mecanismo más adecuado para la distribución de bienes y servicios, en la medida en que es el más compatible con la menor intervención del Estado en la esfera privada que requiere la libertad como no interferencia. Desde este punto de vista, surgen dos líneas de crítica en relación con un Derecho discriminatorio que trascienda la igualdad formal. En primer lugar, la que tiene que ver con que, en ocasiones, los intereses económicos y de mercado prevalecen sobre los derechos y, en consecuencia, desplazan las exigencias del principio de igualdad[74]. Por otro lado, aunque también en relación con la anterior, surge el problema de la asunción del coste de la no discriminación. La cuestión aparece claramente en relación con la dimensión transformativa y, de modo particular, con los juicios de razonabilidad que se llevan a cabo a propósito de los ajustes y en las reticencias a que estos trasciendan los argumentos basados en el coste económico que pueden suponer para la persona o institución obligada a implementarlos.

---

73 Es de interés el análisis de la tensión entre lo que el autor llama 'proyecto antidiscriminatorio' y las dificultades para incorporar la igualdad social como una cuestión del Estado que plantea el liberalismo político, a partir de los trabajos de Nozick, Rawls y Ackerman, en A. KOPPELMAN, *Antidiscrimination Law and Social Equality,* cit., pp. 177 y ss.

74 S. FREDMAN, *Discrimination Law,* cit., p. 35.

En opinión de Fredman, sin embargo, el modo en el que se plantea la reflexión sobre el coste desconsidera que el statu quo también tiene un coste que recae sobre el grupo desaventajado. Así pues, la cuestión no es determinar cuánto cuesta, sino quién asume este coste. Además, señala la autora, las características 'específicas' de los grupos dominantes también generan costes sociales que pasan desapercibidos (el entorno construido, festivos religiosos o culturales, vestimentas), el objetivo de la igualdad sustantiva es, dice la autora, "redistribuir esos costes de maneras que sean más justas para todas las personas"[75]. En el ejemplo de los ajustes razonables en el empleo, la decisión sobre la irrazonabilidad del coste que recae sobre la empresa, no hace desaparecer el coste del desequilibrio, simplemente lo hace recaer sobre la persona con discapacidad[76].

Efectivamente, y por seguir con el ejemplo de los ajustes razonables, por un lado, el análisis de la razonabilidad deberá tener en cuenta también el coste que conlleva la insatisfacción del bien al que el ajuste da acceso "en términos de falta de inclusión o de segregación". Por otra parte, y en la medida en que la denegación del ajuste supone, desde el concepto de igualdad inclusiva, una vulneración del derecho a la igualdad y no discriminación, el argumento del coste sólo debería tener peso si se asocia a la limitación de otros derechos[77].

El argumento económico también parece estar detrás de que la protección frente a la discriminación sea más contundente en el plano cultural que en el plano socioeconómico. De algún modo, y utilizando la dicotomía de N. Fraser[78], en la desventaja de los grupos se puede identificar una dimensión de redistribución y una dimensión de reconocimiento. Ya se ha señalado que el concepto de igualdad sustancial, además de tener en cuenta las exigencias en estos planos, incluye también una dimensión de transformación y una de participación. Tomando como base las dos primeras demandas referidas, es posible apreciar que las cuestiones de reconocimiento, cuando han sido atendidas, se han articulado a través de la prohibición de discriminación, por tanto, mediante derechos justiciables; frente a lo anterior, las cuestiones de redistribución han tendido a trasladarse al plano de la política, a veces a través de 'derechos

---

75 S. FREDMAN, *Discrimination Law*, cit., p. 31.

76 S. FREDMAN, "Disability Equality: A Challenge to the Existing Anti-Discrimination Paradigm", p. 210.

77 R. DE ASÍS, *Sobre discapacidad y derechos*, Dykinson, Madrid, 2013, p. 124.

78 N. FRASER, *Iustitia Interrupta. Reflexiones críticas sobre la condición "postsocialista"*, trad. M. Hoguín e I.C. Jaramillo, Siglo del Hombre-Universidad de los Andes, Bogotá, 1997, pp. 19-54, p.38.

sociales'. Con esto, se refleja una tendencia a desconsiderar que los problemas de reconocimiento implican también desventajas económicas. Finalmente, las medidas de redistribución se enfrentan al argumento de que implican costes económico, pero también a los argumentos que tienen que ver con la falta de legitimidad de la judicatura para abordar cuestiones cuya solución depende de la disponibilidad de recursos, cuya complejidad requiera de una especial competencia técnica o en relación con las cuales haya margen para la decisión política. La desconfianza hacia la judicatura es, pues, otro de los aspectos desde los que se justifican los límites del Derecho antidiscriminatorio.

1.3.4. La desconfianza hacia el activismo judicial y la preferencia por el statu quo

Ya se ha dicho que el Derecho antidiscriminatorio se ha desarrollado en buena medida en sede judicial. Esta tendencia está relacionada con el hecho de que tradicionalmente la discriminación había sido tratada como un problema puntual y no estructural o sistémico[79], como sería coherente con la interpretación de la prohibición de discriminación desde la igualdad inclusiva. Además, se trata de una circunstancia que ha hecho que en buena medida la reflexión sobre el alcance de la prohibición de discriminación se haya tratado al hilo de la reflexión sobre el activismo judicial.

Recordemos que en España, la doctrina constitucional entiende que mientras la prohibición de discriminación es justiciable, las exigencias de la igualdad material deben atenderse en el plano político porque su satisfacción depende "de las posibilidades financieras y técnicas del país en cada momento"; porque su desarrollo depende de concepciones ideológicas y técnicas entre las que corresponde optar a las mayorías, y porque en este plano, también está abierta la precisión sobre los grupos sociales destinatarios de las políticas de igualdad[80]. Sin embargo, en nuestro escenario, como en otros Estados, se produce la circunstancia de que se alude al principio democrático y se teme el activismo judicial cuando los tribunales intervienen en 'favor' de los grupos desaventajados al corregir medidas legislativas, y no tanto cuando la interven-

---

[79] M.A. BARRÈRE UNZUETA y D. MORONDO TARAMUNDI, "Surbodiscriminación y discriminación interseccional: elementos para una teoría del Derecho antidiscriminatorio", cit., p. 40.

[80] F. REY MARTÍNEZ, "¿De qué hablamos cuando hablamos de igualdad constitucional?", cit., p. 173.

ción judicial lleva a la eliminación de medidas que establecen ventajas para los grupos desaventajados. Puede citarse como ejemplo la posición del Tribunal de Justicia de la Unión Europea en el caso Kalanke, en el que, atendiendo a una cuestión prejudicial, determina que es contraria al Derecho Europeo la ley del Land de Bremen relativa a la igualdad de trato entre hombres y mujeres en la Función Pública. La decisión se basa en que la norma es discriminatoria:

> "Los apartados 1 y 4 del artículo 2 de la Directiva 76/207/CEE del Consejo, de 9 de febrero de 1976, relativa a la aplicación del principio de igualdad de trato entre hombres y mujeres en lo que se refiere al acceso al empleo, a la formación y a la promoción profesionales, y a las condiciones de trabajo, se oponen a una normativa nacional que, como sucede en el presente asunto, en caso de candidatos de distinto sexo que concurren a una promoción con la misma capacitación, concede automáticamente preferencia a las candidatas femeninas en los sectores en los que las mujeres están infrarrepresentadas, considerando que existe infrarrepresentación cuando las mujeres no cubren al menos la mitad de los puestos en cada uno de los grados de la categoría de personal de que se trate y sucede lo mismo en todos los niveles de función previstos en el organigrama"[81].

Como ocurre en otros supuestos en relación con los cuáles de las normas de derechos se derivan deberes positivos para el Estado o para terceros, por excelencia es el caso de los derechos sociales, las precauciones desde la defensa del principio democrático frente al activismo judicial corren el riesgo de convertirse en una defensa del statu quo, que se perpetúa si el Estado no interviene.

Tal y como ha sido anunciado, en los siguientes capítulos se presentarán algunos de los problemas de derechos humanos en relación con los cuales se ponen de manifiesto los límites hasta aquí enumerados.

---

[81] C-450/93, *Eckhard Kalanke c. Freie Hansestadt Bremen*, 17 Octubre 1995, disponible en *https://eur-lex.europa.eu/legal-content/EN/TXT/?uri=CELEX%3A61993CJ0450* (última consulta 5-9-2022).

Capítulo 2
Los límites de la redistribución. Discriminación y pobreza

Las concepciones tradicionales consideran la autonomía como criterio para la atribución de derechos. Como consecuencia, los sistemas de protección han dejado fuera a la mayor parte de los seres humanos y, entre ellos, a las personas que no son autosuficientes económicamente. Una de las respuestas a esta situación ha sido el reconocimiento de derechos sociales. Sin embargo, se trata de derechos a los que en el constitucionalismo no se ha dotado de garantías equiparables a las de los derechos civiles y políticos por razones que a veces remiten a problemas de fundamentación.

La tesis que aquí se defiende es que la protección de los derechos sociales se fundamenta en el valor de la autonomía, su garantía es exigida por el principio de igualdad y la denegación de estos derechos puede constituir una discriminación. A pesar de lo anterior, el ámbito de la desventaja socioeconómica es uno de los que escapan al alcance del Derecho antidiscriminatorio, poniendo de manifiesto sus insuficiencias en relación con la dimensión redistributiva de la igualdad.

2.1. EL CONCEPTO DE IGUALDAD Y LAS CONDICIONES DE EXISTENCIA

El punto de partida de esta reflexión lo constituye la idea de que los derechos humanos son herramientas orientadas a evitar que las personas sean instrumentalizadas, es decir, sean tratadas como meros medios. La universalidad es un rasgo atribuido a los derechos desde su origen en el pensamiento racionalista. Esta característica implica la validez de la teoría que los sustenta, pero también, y esta es la cuestión en la que me interesa detenerme, lleva a defender la pretensión de que los derechos corresponden a todos los seres humanos, puesto que todos ellos son igualmente dignos, igualmente valiosos.

No obstante, el primer texto de Derecho positivo en el que en Europa se incorpora el concepto de derechos humanos, la Declaración de Derechos del Hombre y del Ciudadano de 1789, introduce, desde su denominación, una diferencia entre los hombres y los ciudadanos. Como punto de partida, los derechos se refieren a los hombres (y no, por tanto, a las mujeres) y solo algunos hombres ostentan la titularidad de todos los derechos que la Declaración enumera; estos son los hombres que además son ciudadanos. La ciudadanía se hace depender de la inscripción en el censo, para la que, además del sexo, y entre otras cuestiones como la nacionalidad o la edad, es preciso acreditar la renta. El fundamento es distinto en el pensamiento liberal (que trata de asegurarse de que solo quienes tienen intereses particulares participen en la determinación del interés general) y en el 'democrático' (cuyo objetivo con la restricción de los derechos de ciudadanía es que únicamente participen los sujetos independientes), pero el resultado es el mismo: quedan excluidas de la ciudadanía las personas no propietarias.

A pesar de lo anterior, en el artículo primero de la Declaración se puede leer "los hombres nacen y permanecen libres e iguales en derechos", por lo que la pregunta pertinente es qué concepto de igualdad es el que subyace a estos documentos que permite la exclusión de la mayor parte de la humanidad.

La respuesta que suele darse es que la igualdad trasladada a Derecho en los orígenes del Estado de Derecho es la igualdad formal. En esta acepción, la igualdad opera frente a la intervención normativa del Estado, del que se pide que los sujetos que pertenecen a una misma clase estén sometidos a las mismas normas y que las normas se les apliquen del mismo modo (es la ya referida idea de la generalidad de las leyes y de igualdad en la aplicación de la ley), así como que situaciones semejantes reciban un trato idéntico (es la idea de igualdad de trato).

Una de las claves para entender cómo esta concepción 'tradicional' consigue articular la defensa de la igualdad con la exclusión de la inmensa mayoría de los seres humanos de la titularidad o del ejercicio de algunos o de todos los derechos, se encuentra en el modo en el que integra la autonomía y, en relación con ella, la independencia (capacidad de autodeterminación) y la autosuficiencia (suficiencia económica y material)[82]. Efectivamente, en la concepción tradicional, el individualismo que caracteriza las teorías de la justicia basadas en derechos[83] lleva a atribuirlos únicamente al agente moral, que se concibe desde la idea del sujeto descontextualizado, para cuyo desarrollo la interferencia del Estado y de terceros se representa como un mal a veces necesario desde el punto de vista, fundamentalmente, de la protección de derechos de otras personas.

Aceptar que la titularidad de los derechos en el plano ético está condicionada a la agencia moral, implica negársela a aquellos seres humanos que no son capaces de elegir y de responsabilizarse de la opción efectuada[84]. La traslación al Derecho de esta idea se realiza a través de la distinción que existe en nuestros sistemas del *civil law* entre capacidad jurídica y capacidad de obrar. Sobre algunas de los presupuestos e implicaciones de esta forma de seleccionar entre quiénes son jurídicamente capaces y quiénes no, puede verse el siguiente capítulo de este trabajo, en todo caso, desde ella se establece una clasificación que permite diferenciar entre los seres humanos considerados autónomos y el resto, los considerados dependientes. Entre unos y otros existe una diferencia relevante que justifica que no todos formen parte de la clase ciudadanos.

Por otro lado, los derechos se orientan a salvaguardar la dignidad del sujeto abstracto, con lo que las circunstancias concretas en las que de hecho nos desarrollamos los seres humanos no se consideran, y la presencia de grandes diferencias en cuanto a las condiciones materiales no se percibe como contraria a la igualdad que, conforme se ha dicho, es únicamente formal. Un ejemplo interesante se encuentra en la configuración jurídica de lo que hoy sería la re-

---

82 M. FINEMAN, *The Autonomy Myth. A Theory of Dependency,* The New York Press, New York, 2004, muestra cómo se trata de conceptos que suelen presentarse de modo conjunto de forma que la autonomía (libertad), se demuestra en la independencia (autodeterminación o confianza) y resulta en autosuficiencia (suficiencia financiera o material).

83 De modo sintético, se puede afirmar que con 'teoría de la justicia basada en derechos' se hace referencia a las teorías que consideran que el criterio para valorar las instituciones son los derechos humanos. Estas teorías, frente a otras propuestas normativas, se caracterizan por ser universalistas, individualistas e igualitaristas. Puede verse J. GONZÁLEZ AMUCHASTEGUI, *Autonomía, dignidad y ciudadanía. Una teoría de los derechos humanos,* Tirant lo Blanch, Valencia, 2004, pp. 83 y ss. y M.C. BARRANCO AVILÉS, *Diversidad de situaciones y universalidad de los derechos,* cit., pp. 13-40.

84 P. CUENCA CÓMEZ, "Sobre la inclusión de la discapacidad en la teoría de los derechos humanos". En *Revista del Centro de Estudios Políticos,* nº 158, 2012, pp. 103-137.

lación laboral desde el principio de la igualdad entre las partes y la autonomía contractual. Al considerar que el empresario y el trabajador eran igualmente libres para negociar, en Europa del siglo XIX se estaban legitimando las situaciones de dominación y opresión producidas en el contexto de la empresa. Paradójicamente, la falta de autosuficiencia de los trabajadores sí era considerada relevante durante mucho tiempo para justificar un tratamiento diferenciado en el reconocimiento de derechos políticos.

El resultado de esta reflexión es que sólo son derechos humanos aquellos que pueden revelarse como útiles frente a las amenazas a la libertad que pueda sufrir cualquier ser humano con independencia del contexto. Puesto que no existe el ser humano abstracto, la imagen ideal se hace coincidir con la del hombre, blanco, económica y socio-físicamente independiente, y esta circunstancia explica tanto el tipo de derechos que se reconocen (individuales y civiles) como que se considere que las obligaciones adecuadas para satisfacerlos son fundamentalmente de abstención. De este modo, los derechos se orientan a construir en torno al titular una barrera que lo proteja frente a intromisiones de terceros y, fundamentalmente, del propio Estado.

Y esta forma de ver su papel guarda relación con la idea de que el Estado es un mal necesario frente a los derechos humanos que, por otro lado, constituyen triunfos del interés individual sobre el particular. Asimismo, la construcción se basa en la separación entre el espacio público, que es el espacio de la política, y el espacio privado[85]. El agente moral se desenvuelve en el espacio público, el resto queda confinado en los espacios privados[86].

En este esquema, la posición social que ocupa cada individuo se explica como la consecuencia del ejercicio de su libertad de elección. Existen, sin embargo, excepciones, que obedecen a que algunos seres humanos son, por naturaleza, no independientes o autosuficientes y esto significa que resultan dependientes. La dependencia producida por circunstancias naturales (como la edad, o, en algunos casos, la discapacidad o el sexo)[87] afecta a la autodeterminación, implica la negación de la autonomía y, con ella, de la titularidad plena de los derechos. En estos casos, la atención de las personas en situación

---

[85] Se hace alusión también al espacio de lo íntimo. E. GARZÓN VALDÉS, "Lo íntimo, lo privado y lo público". En *Claves de Razón Práctica,* nº 137, 2003, pp. 14-24.

[86] I. M. YOUNG, *Justice and the politics of difference,* cit. pp. 110-111.

[87] M.C. BARRANCO AVILÉS, "Derechos humanos y vulnerabilidad. Los ejemplos del sexismo y el edadismo". En Barranco Avilés, M. Carmen y Churruca Muguruza, Cristina (Ed.), *Vulnerabilidad y protección de los derechos humanos,* Tirant lo Blanch, Valencia, 2014, pp. 17-44.

de dependencia es responsabilidad del sujeto independiente y autosuficiente que se sitúa al frente de la familia, y el modo en el que esta responsabilidad se haga efectiva es una cuestión privada.

Sin embargo, la dependencia a veces no es natural, sino económica. Hay sujetos que naturalmente no pueden ser considerados dependientes, con lo que pueden seguir siendo representados como capaces de autodeterminación, pero carecen de recursos para satisfacer sus necesidades, por lo que tampoco son autosuficientes. En estos casos, la dependencia se considera producida por sus decisiones libremente adoptadas y, de este modo, es su exclusiva responsabilidad. Como se ha apuntado, la idea que se maneja es que la posición económica es el resultado del mérito individual, desconsiderando el papel que instituciones –como la herencia–, el contexto social o la suerte desempeñan.

El resultado de esta construcción es que el sujeto considerado autónomo, por ser independiente y autosuficiente, es protegido por los derechos de las intromisiones del Estado y de terceros[88], pero los sujetos que no son autónomos, porque no son independientes o han sido llevados a depender de otros por sus decisiones, aparecen desprovistos de esta protección.

El juego de la autonomía así entendida con la igualdad formal provoca, como se ha señalado, que sólo algunos seres humanos durante algunos momentos de su vida vean salvaguardada su dignidad por los derechos, lo que resulta contradictorio con la proclamada universalidad. Con lo anterior, para mantener que una teoría de la justicia basada en derechos sigue siendo adecuada para justificar y valorar nuestras instituciones, es necesario proceder a la revisión de esta teoría tradicional y a plantear, frente a la limitación de la titularidad de los derechos, la idea de que las capacidades se adquieren progresivamente y son graduables, con lo que la autonomía no puede ser el presupuesto, sino el objetivo de la atribución de derechos. Además, en cuanto a los contenidos, es preciso recordar que el sujeto abstracto no coincide con ningún ser humano real, por lo que para que los derechos sean universales, habrán de

[88] M. FINEMAN, *The Autonomy Myth,* cit., p. 9. "la autonomía connota, a nivel ideológico, que un individuo que se ajusta a las nociones dominantes de independencia y autosuficiencia es, a la vez, liberado de la perspectiva de la acción gubernamental regulatoria y liberado, a través de estructuras gubernamentales, de la interferencia de otros actores privados. La libertad a través del gobierno es la base de la no intervención establecida en términos positivos –el derecho a ser dejado solo es también la garantía de la privacidad–. Estableciendo y ateniéndose a una norma de no intervención y regulación para aquellos individuos considerados auto suficientes, el Estado garantiza su autonomía".

constituir herramientas adecuadas frente a cualquier situación de instrumentalización.

Por otro lado, y frente a la idea de que con los derechos se trata de construir espacios de no interferencias frente, fundamentalmente, al Estado, es necesario pensar que los seres humanos sólo se realizan mediante interferencias con otros sujetos. De este modo, si se impiden las interferencias, se dificulta la socialización. Además, en los espacios protegidos también se producen desequilibrios de poder que pueden desencadenar agresiones para la dignidad de los menos poderosos.

El objetivo de los derechos no puede ser, por las razones expuestas, la no interferencia, sino, precisamente, la autonomía. Y la autonomía orienta la acción del Estado en dos sentidos. Por un lado, en el sentido tradicional del respeto, lo que implica reconocer las decisiones que las personas (todas las personas) adoptan sobre sí mismas; por otro lado, asume un sentido promocional y justifica que se sitúe a las personas en condiciones de controlar su propia vida[89].

En este marco, en el que cabe entender que los derechos se orientan a conseguir para cada persona el mayor grado posible de autonomía, el modo en el que opera el principio de igualdad en relación con los derechos también ha de ser reformulado. Por un lado, la diversificación de la titularidad altera el juicio de relevancia, de tal modo que la independencia y la autosuficiencia dejan de ser relevantes para excluir a un ser humano de la titularidad de los derechos o de la posibilidad de ejercerlos. Por otra parte, las desigualdades materiales cobran protagonismo desde el punto de vista de la aplicación del principio de igualdad cuando colocan a una persona en riesgo de perder o de no poder llegar a asumir en la mayor medida posible el control sobre su propia vida.

Con independencia de las dificultades que pueden derivarse de la diversificación de la titularidad de los derechos, en los apartados siguientes me referiré a las implicaciones que ha de tener para la igualdad jurídica considerar relevantes las condiciones materiales. Y es que, mientras parece que se está avanzando en la ampliación de la titularidad, la crisis económica y financiera de 2008 llevó a retroceder en el interés prestado a las desigualdades materiales, lo que se manifestó en la devaluación de los derechos sociales.

---

[89] R. DE ASÍS ROIG y M.C. BARRANCO AVILÉS, "El derecho a la promoción de la autonomía personal y atención a las personas en situación de dependencia", en M.C. Barranco Avilés (Coord.), *Situaciones de dependencia, discapacidad y derechos,* Dykinson, Madrid, 2011, pp. 107-132, p. 110 y ss.

2.2. EL PAPEL DE LOS DERECHOS SOCIALES PARA EVITAR LA DISCRIMINACIÓN POR RAZÓN DE POBREZA

El reconocimiento de los derechos sociales en los textos de derechos humanos se suele justificar en la idea de que la efectividad de los derechos civiles y políticos exige que los titulares tengan medios para ejercerlos. El fundamento de los primeros sería la igualdad, el de los segundos la libertad. Esta diferencia entre los fundamentos justifica que, cuando no son rechazados por ser incompatibles con la libertad[90], los derechos económicos, sociales y culturales se tengan por menos fundamentales. Por otro lado, además, los derechos sociales suelen considerarse derechos 'caros' puesto que, se señala, generan obligaciones prestacionales por parte del Estado. Ambos argumentos permiten justificar la tendencia a que los derechos sociales sean exigibles en menor medida que los derechos civiles y políticos, incluso en aquellos contextos en los que se constitucionalizan.

Frente a lo anterior, y en la línea de lo que hasta aquí se ha dicho, no parece que podamos establecer una distinción tajante entre ambos tipos de derechos, ni en lo relativo al fundamento, ni en lo relativo a las obligaciones correlativas. Con respecto al fundamento, porque, como se ha señalado, en todo caso los derechos tratan de garantizar que las personas tienen el control sobre sus propias vidas; en relación con su carácter prestacional, porque todos los derechos requieren de prestaciones por parte del Estado y pueden ser, en este sentido, caros[91].

Cuando se afirma que los derechos se orientan a garantizar que las personas tienen el control de sus propias vidas, la propuesta se aproxima a la que formula Cécile Fabre[92]. La autora propone dos principios de justicia,

---

90 F. VON HAYEK, *Camino de Servidumbre,* trad. J. Vergara, Madrid, Alianza, 1978 o R. NOZICK, *Anarquía, Estado y Utopía,* trad. R. Tamayo, Fondo de Cultura Económica, México, 1990.

91 Esta aproximación entre uno y otro tipo de derechos encuentra su reflejo en la idea de interdependencia proclamada en los Principios de Limburgo sobre la aplicación el Pacto Internacional de Derechos Económicos, Sociales y culturales E/C.12/2000/13, 2 de octubre de 2000, del Comité de Derechos Sociales, Económicos y Culturales. Con todo, el Protocolo Adicional que establece el sistema de quejas individuales ante el Comité no se aprobó hasta el 10 de diciembre de 2008 y no entró en vigor hasta el 5 de mayo de 2013, disponible en *https://treaties.un.org/Pages/ViewDetails.aspx?src=TREATY&mtdsg_no=IV-3-a&chapter=4&clang=_en*, consultada el 22 de agosto de 2022.

92 C. FABRE, "Justice, Fairness, and World Ownwership", en *Law and Philosophy,* nº 21, 2002, pp. 249-273. Ver también C. FABRE, *Social Rights Under the Constitution. Government and the Decent Life*, Oxford University Press, New York, 2004, p. 3.

el principio de la suficiencia y el principio de la autonomía. El primero justifica el derecho de los individuos a acceder a los recursos materiales que necesitan para llevar una vida decente; el segundo el derecho de estos individuos a que se les permita perseguir su propia concepción del bien y a disfrutar de los frutos de su trabajo en la persecución de tal concepción. Ambos quedan aquí incluidos en la idea de autonomía que, como se ha señalado, tiene una dimensión negativa y una dimensión promocional y que podemos sintetizar en la posibilidad de que los seres humanos tengan el control de su propia vida.

Tanto esta propuesta como la de Martha Nussbaum[93] plantean alternativas a la teoría de las necesidades como fundamento de los derechos sociales. La teoría de Martha Nussbaum permite situar el fundamento de los derechos en las capacidades. La autora diferencia entre funciones propiamente humanas y capacidades. Las capacidades hacen referencia a la posibilidad de desempeñar tales funciones: vida; salud corporal; integridad corporal; sentidos, imaginación y pensamiento; emociones; razón práctica; afiliación; otras especies; juego; control del propio entorno político y material. Como puede apreciarse, muchas de estas capacidades guardan una estrecha relación con los bienes sobre los que se construyen los derechos. Con independencia de los riesgos que puede tener ofrecer una definición de la naturaleza humana y de las dificultades para comprender la distinción que la autora establece entre capacidades básicas (innatas), capacidades internas (que se adquieren a lo largo de la vida) y capacidades combinadas ('capacidades internas combinadas con adecuadas condiciones externas para el ejercicio de la función'[94]), este punto de vista permite considerar los derechos como las condiciones externas para el desempeño de la función, de tal forma que en cada contexto los derechos han de adecuarse a la situación personal y al entorno en el que el ser humano debe ser capaz de desempeñar la función. Esto tiene que ver con el modo en el que esa función es realizada en los distintos contextos culturales, pero también con la existencia de barreras que hacen que para determinados seres humanos el funcionamiento sea más difícil que para otros.

---

[93] M. NUSSBAUM, *Las fronteras de la justicia Consideraciones sobre la exclusión*, trad. de R. Vila Vernis y A. Santos Mosquera, Paidós, Barcelona, 2007, 163-226. Ver también *Crear capacidades. Propuesta para el desarrollo humano*, trad. A. Santos Mosquera, Paidós, Barcelona, 2012.

[94] M. NUSSBAUM, *Las mujeres y el desarrollo humano,* trad. R. Bernet, Herder, Barcelona, 2002, p. 129.

No se trata de negar el papel que las necesidades desempeñan en el fundamento de los derechos[95], pero las necesidades se refieren a hechos, por lo que, para asumir un papel normativo, requieren ser complementadas con otros argumentos[96]. En cualquier caso, cuando no se garantiza a una persona un nivel decente de ingresos, educación, vivienda o salud, se la está privando de la posibilidad de desarrollar las capacidades necesarias para ser autónoma[97].

La configuración de los derechos civiles y políticos como derechos exigibles, frente a la menor fuerza normativa con la que se reconocen, cuando se hace, los derechos sociales, se justifica, además de en el plano de la fundamentación, en las distintas obligaciones que generan. Así los derechos civiles se definen como derechos negativos, lo que significa que su satisfacción requiere de abstenciones; mientras que los derechos sociales se conciben como derechos positivos, de modo que su satisfacción requiere de prestaciones, lo que los convierte en derechos caros. El argumento tiene dos dimensiones, la primera de ellas subraya cómo una mayor garantía de los derechos sociales a nivel constitucional colocaría en manos del órgano de control de constitucionalidad la decisión sobre la administración de los recursos. Se plantea, además, que dado que la efectividad de estos derechos ha de estar condicionada a lo económicamente posible, no se puede garantizar que actúen como límites al poder en la misma medida en que lo hacen los derechos civiles y políticos[98].

La otra dimensión enlaza con lo que Cécile Fabre denomina la distinción del conflicto: "desde que los derechos negativos fundamentan deberes negativos de no-interferencia, no están asignados a bienes escasos y, por lo tanto, no entran en conflicto con otros; por el contrario, desde el momento en que los derechos positivos fundamentan deberes positivos de ayuda y

[95] Puede verse M.J. AÑÓN, *Necesidades y derechos. Un ensayo de fundamentación*, Madrid, Centro de Estudios Constitucionales, 1994 y S. RIBOTTA, "Necesidades, igualdad y justicia. Construyendo una propuesta igualitaria de necesidades básicas". En *Derechos y Libertades, nº* 24, 2011, pp. 259-299.

[96] En palabras de J. MARTÍNEZ DE PISÓN, "del hecho de que describamos una necesidad no se infiere la prescripción de satisfacerla", *Políticas de bienestar. Un estudio sobre los derechos sociales*, Tecnos, Madrid, 1998, p. 180.

[97] C. FABRE, "Constitutionalising Social Rights", *The Journal of Political 'Philosophy,* vol.6, nº 3, 1998, pp. 263-284, p. 267.

[98] E. FORSTHOFF, "Problemas constitucionales del Estado social" y "Concepto y esencia del Estado social de Derecho", en VV.AA: *El Estado social*, trad. J. Puente, Centro de Estudios Constitucionales, Madrid, 1986, pp. 43 a 68 y 69 a 106, utiliza este argumento frente a la constitucionalización de los derechos sociales.

recursos, están asignados a bienes escasos y, por lo tanto, entran en conflicto con otros"[99].

Sin embargo, si tenemos en cuenta que todos los derechos justifican obligaciones tanto positivas como negativas[100], estos argumentos que se orientan a rebajar la obligatoriedad de los derechos sociales se pueden utilizar también frente a la constitucionalización del resto de derechos. En esta tesitura, o bien se ha de rechazar la constitucionalización de un sistema de derechos, o bien hemos de aceptar que todos los derechos constituyen un límite a las decisiones del poder[101].

Se ha apuntado que un argumento que se ofrece frente a la constitucionalización de los derechos sociales ha sido, precisamente, que implica sustraer del Parlamento la decisión sobre el gasto público. Sin embargo, de lo que se trata cuando se reclama que los derechos reconocidos deben dotarse de las adecuadas garantías es de hacer valer el Estado de Derecho.

Por otro lado, la historia ha demostrado que la principal amenaza para la democracia no han sido los jueces, sino los poderes económicos. Efectivamente, lo que ocurrió con la crisis financiera de 2008 en Europa es que los llamados 'mercados' lograron imponer a los Estados criterios que condicionaron su política económica y, con ello, los medios destinados a la protección de los derechos. El resultado es que la eficacia de los derechos queda en manos de minorías poderosas[102]. Desarrollar fórmulas que permitan blindar los derechos frente a estas minorías, no parece redundar en contra de la democracia, sino todo lo contrario.

Podemos pensar, por ejemplo, en el modo en el que los deberes positivos del Estado operan en relación con el acceso a la justicia. Se trata de un derecho

---

99 C. FABRE, "Constitutionalising Social Rights", ob. cit., p. 264. La autora (pp. 271-75) considera que cada una de estas obligaciones se fundamenta en derechos específicos, algunos negativos y otros positivos, pp. 271-275. Desde mi punto de vista, cada una de las dimensiones puede justificar pretensiones independientes y todas ellas encuentran respaldo en el mismo derecho. Ya se ha señalado que esta esprecisamente la interpretación que hace el Comité de Derechos Humanos las obligaciones derivadas del Pacto de Derechos Civiles y Políticos en la Observación General 31 antes citada.

100 R. ALEXY, *Teoría de los derechos fundamentales,* trad. E. Garzón, Centro de Estudios Constitucionales, Madrid, 1993, p. 428.

101 M.C. BARRANCO AVILÉS, "Exigibilidad de los derechos sociales y democracia". En Ribotta, Silivna y Rossetti, Andrés (eds.), *Los derechos sociales en el siglo XXI. Un desafío clave para el Derecho y la Justicia,* Dykinson, Madrid, 2010, pp. 149-172. Específicamente desarrollé estos argumentos en M.C. BARRANCO AVILÉS, "Una defensa de la constitucionalización de los derechos sociales", *Derechos y libertades,* nº 35, 2016, pp. 111-135.

102 J.L. REY PÉREZ, *La democracia amenazada,* Universidad de Alcalá, 2012.

de los considerados individuales y civiles, que es, por otro lado, condición para la realización de otros derechos. Los problemas de financiación de los Estados que puso de manifiesto la crisis de 2008 llevaron a que se evidenciase que mantener la administración de justicia no es barato. Esto supuso que en algunos contextos, con el objetivo de costear el servicio, se incremente el coste del ejercicio de la acción imponiendo tasas o incrementando las existentes. El ejemplo de lo que ocurrió en España con la reforma del sistema de tasas es interesante, porque hasta la Ley 10/2012, de 20 de noviembre, por la que se regulan determinadas tasas en el ámbito de la Administración de Justicia y el Instituto Nacional de Toxicología y Ciencias Forenses, estas no existían para las personas físicas[103]. Esta norma, por otro lado, entró en vigor cuando todavía estaba pendiente la aprobación de una nueva Ley de Asistencia Jurídica Gratuita. El impacto de la reforma mostró que si se condiciona el acceso a la justicia al pago de una determinada cantidad de dinero, algunas personas encontrarán barreras insalvables para el ejercicio de este derecho, con lo que, además, la protección frente a vulneraciones de otros derechos es menor[104]. Claramente, el impacto de las tasas para el acceso a la justicia es distinto en las personas en función de su capacidad económica, por lo que si no se prevé el modo de garantizar que todas las personas puedan ejercer el derecho, se estará cometiendo una discriminación.

Esta argumentación sirve también cuando las barreras económicas impiden el acceso de algunas personas a los bienes sobre los que se construyen derechos sociales. Siempre que esta situación se produzca, se está cometiendo una vulneración del derecho en cuestión, pero también podría estar produciéndose una discriminación, por lo que cabe pensar que si el derecho no goza del suficiente grado de exigibilidad debería ser posible acudir a los mecanismos de lucha contra la discriminación para hacerlo valer.

Por otro lado, frecuentemente se olvida que los derechos sociales tienen una dimensión de protección frente al Estado y no son únicamente derechos a obtener prestaciones. Todos los derechos, en tanto pueden ser construidos

---

103 Posteriormente reformada para suprimir las tasas para las personas físicas y declarada inconstitucional por el Sentencia del Tribunal Constitucional 140/2016, de 21 de julio de 2016 (BOE de 15 de agosto de 2016) en algunos de los aspectos que se mantuvieron.

104 El Tribunal Europeo de Derechos Humanos, a partir de la Sentencia Kreuz contra Polonia, de 19 de junio de 2001 (asunto núm. 28249/95), mantiene que el establecimiento de tasas para acceder a la justicia en el ámbito civil, vulnera el derecho reconocido en el artículo 6.1 del Convenio Europeo de Derechos Humanos, cuando, teniendo en cuenta las circunstancias del caso, las tasas resultan excesivas, esto es, dificultan el ejercicio del derecho.

como derechos subjetivos, implican obligaciones de respeto que se atribuyen tanto al Estado como a los otros sujetos, obligaciones de garantía que corresponden al Estado y obligaciones de promoción que se atribuyen también al Estado (por cuanto ha de ofrecer a los titulares los medios materiales que hacen posible el ejercicio del derecho)[105]. En consecuencia, tiene sentido afirmar que incluso los derechos sociales están provistos de una dimensión negativa que implica que ni terceros sujetos ni el Estado pueden privar a los titulares de los bienes de los que disfrutan a su amparo[106]. El Estado estará incumpliendo su obligación de no intervención cuando se 'reviertan' las garantías conseguidas para los derechos. Esto ocurre cuando introduce medidas legales que implican el 'aniquilamiento' o la 'desnaturalización' de instituciones y servicios públicos a través de los cuales se hace posible ejercicio de derechos sociales como la educación, la asistencia sanitaria, la seguridad social o la vivienda[107]. Existen razones para pensar que cuando como consecuencia de estas medidas se prive a las personas por debajo de un cierto nivel de recursos del acceso a esos bienes y servicios en condiciones de calidad, también se estará produciendo una discriminación por razón de pobreza.

En el apartado siguiente trataré de mostrar en qué medida el establecimiento de barreras económicas que dificultan el ejercicio de los derechos sociales puede ser considerado una discriminación.

2.3. SOBRE LOS MOTIVOS PROHIBIDOS DE DISCRIMINACIÓN Y EL LUGAR DE LA POBREZA

En el informe del Relator Especial sobre Extrema Pobreza y Derechos Humanos de 2021[108] se muestra que la relación entre discriminación y pobreza se produce en ambos sentidos, de manera que la discriminación produce pobreza, pero además la desventaja socio-económica es un motivo de discriminación y se apunta a la prohibición de discriminación por motivos de desventaja so-

---

[105] C. FABRE, "Constitutionalising Social Rights", ob. cit., p. 270.

[106] C. FABRE, *Social Rights Under the Constitution...,* ob. cit., pp. 54 a 55.

[107] G. PISARELLO, "El Estado social como Estado constitucional: mejores garantías, más democracia". En V. ABRAMOBICH, M.J. AÑÓN ROIG Y C. COURTIS, *Derechos sociales. Instrucciones de uso,* Fontamara, México, 2002, pp. 23-50, p. 37.

[108] ONU. Asamblea General. "La persistencia de la pobreza extrema: cómo la igualdad real puede romper los círculos viciosos: Informe del Relator Especial sobre la extrema pobreza y los derechos humanos", 2021, A/76/177, disponible en *https://documents-dds-ny.un.org/doc/UNDOC/GEN/N21/197/50/PDF/N2119750.pdf?OpenElement* (último acceso 1-9-2022).

cioeconómica como uno de los elementos fundamentales para romper los círculos que perpetúan la pobreza. No sólo es que las personas que forman parte de los grupos tradicionalmente excluidos en cada contexto sean más pobres, es que los estereotipos asociados a la pobreza llevan a situaciones de discriminación. Ambas circunstancias constituyen argumentos para considerar que en torno a las personas en situación de pobreza se cumplen los requisitos que en la jurisprudencia sobre discriminación permite considerar que estamos ante un 'grupo desaventajado'[109].

No obstante, en relación con la posibilidad de considerar la pobreza como uno de los motivos prohibidos de discriminación se pone de manifiesto la prioridad de la igualdad política sobre la igualdad social y económica en la articulación de los sistemas de protección de los derechos. Las resistencias a hablar de discriminación por razón de pobreza muestran que las desigualdades económicas no son, en general, relevantes desde el punto de vista del Derecho antidiscriminatorio actual.

Ya ha sido mencionado que las concepciones liberales de la política diferencian entre el plano político y el plano socio-económico. El presupuesto de la democracia es la igualdad política, sin embargo, las desigualdades económicas se afrontan de un modo diferente en los distintos planteamientos ideológicos. El liberalismo clásico y el neoliberalismo no consideran que la igualdad o desigualdad económica deba interesar al Estado. Estas teorías combinan la separación política entre lo público y lo privado con la defensa del mercado como el mejor sistema de reparto de los recursos. Las intervenciones del Estado para proveer de recursos a ciertos sujetos entrañan un perjuicio para la libertad de mercado y suponen, además, una desconsideración de la autonomía de estos sujetos.

El liberalismo igualitario, no obstante, concede un cierto papel al Estado en relación con ciertas desigualdades económicas que implica revisar el concepto de igualdad política desde la idea de igualdad de oportunidades (ya tenga esto que ver con bienestar, capacidades o recursos). Sin embargo, se adoptan precauciones porque se considera que avanzar más allá de la igualdad de oportunidades puede poner en peligro la autonomía.

---

109 Un ensayo de fundamentación de la pobreza como fundamento prohibido de discriminaicón se encuentra en M. JACKMAN, "Constitutional Contact with the Disparities in the World: Poverty as a Prohibited Ground of Discrimination Under the Canadian Charter and Human Rights Law", *Review of Constitutional Studies,* vol. II, nº 1, 1994, pp. 76-122.

Esta concepción sigue dando pie a la defensa de fundamentos distintos para los derechos de autonomía, que implican abstenciones, y los derechos que tratan de mejorar las condiciones materiales de existencia, que implican una intervención del Estado y, desde su punto de vista, se justifican en la igualdad. Sin embargo, como se ha señalado, parece que tanto los primeros como los segundos pueden justificarse en la idea de que los seres humanos deben tener el control de su propia existencia, deben ser autónomos. La igualdad es un concepto normativo que extiende la autonomía a todos los sujetos. Con estos presupuestos, parece posible justificar que las prohibiciones de discriminación que se contienen en los textos jurídicos de derechos humanos junto con las proclamaciones de igualdad, comprenden la discriminación por razón de pobreza.

Recordemos que el concepto de igualdad que se ha abierto paso en el sistema universal de protección de los derechos ha mutado desde la igualdad formal hasta el nuevo concepto en construcción de la igualdad inclusiva. En este proceso, se ha tomado distancia con respecto al concepto de discriminación que se articulaba en coherencia con lo que se ha denominado como una 'concepción tradicional de los derechos'. En el esquema que tal concepción explica se considera discriminación cualquier tratamiento desigualitario, pero la desigualdad sólo es posible entre individuos de un mismo grupo. Sin embargo, en el concepto que platea el Comité sobre los Derechos de las Personas con Discapacidad, la discriminación hace referencia también a la desigualdad intergrupal. Esta concepción de la discriminación resulta, como se ha señalado, más coherente con el nuevo concepto de igualdad inclusiva[110].

En el nuevo marco, el punto de partida para considerar que se ha producido una diferenciación que constituye una discriminación es la idea de que "existen grupos sociales a los que históricamente se ha tratado de manera desfavorable, alejándolos del poder, de los procesos de la formación de las normas, del espacio público. La idea de 'rasgos sospechosos' simboliza o explicita una historia de discriminación que ha suscitado y suscita importantes desventajas y prejuicios que constituyen el núcleo de la discriminación social"[111]. En defi-

[110] M. A. BARRÈRE UNZUETA, "Igualdad y discriminación positiva: un esbozo de análisis teórico conceptual", *Cuadernos Electrónicos de Filosofía del Derecho,* nº 9, 2003, p. 13.

[111] M.J. AÑÓN ROIG, "Principio antidiscriminatorio y determinación de la desventaja". En *Isonomía,* nº 39, octubre 2013, pp. 127-157, p. 132. Rercordemos que la referencia a la historia no debería entenderse como una constatación de la duración temporal, sino como un dato que permite entender que la exclusión se perpetuará si no se interviene para atajarla.

nitiva, a los criterios prohibidos subyace la idea de que las personas discriminadas lo son por formar parte de un 'grupo desaventajado'.

La ya citada Observación General Nº 20 del Comité de Derechos Económicos, Sociales y Culturales (2 de julio de 2009), sobre "la no discriminación y los derechos económicos, sociales y culturales", señala que "la falta de recursos para no acabar con el trato discriminatorio no es una justificación objetiva y razonable, a menos que el Estado parte se haya esforzado al máximo por utilizar todos los recursos de que dispone para combatirlo y erradicarlo con carácter prioritario" [112].

El Comité analiza además los motivos expresamente contemplados. Entre ellos aparece la posición económica (*property* en la versión en inglés), pero también se hace mención específica a "las condiciones sociales y económicas" dentro de la cláusula de cierre 'otra condición social'. La posición económica se incluye entre los motivos prohibidos de discriminación en ambos pactos, pero la prohibición se ha entendido referida a "un concepto amplio que incluye los bienes raíces (por ejemplo, la propiedad o tenencia de tierras) y los bienes personales (por ejemplo, la propiedad intelectual, los bienes muebles o la renta) o la carencia de ellos. El Comité ya ha señalado antes que algunos de los derechos recogidos en el Pacto, como el acceso a servicios de abastecimiento de agua o la protección contra el desahucio, no deben depender de la situación en que se encuentre una persona en cuanto a la tenencia de la tierra, como el hecho de vivir en un asentamiento informal". Parece, entonces, que la posición económica no se refiere a la autosuficiencia de una persona, sino a su relación con los bienes.

Sin embargo, en relación con la mención de 'otra condición social', en la Observación se señala que "las personas o grupos no deben ser objeto de un trato arbitrario por el simple hecho de pertenecer a un determinado grupo económico o social o a un determinado estrato de la sociedad. Por ejemplo, pertenecer a un sindicato no debe afectar al empleo de una persona, ni a sus oportunidades de promoción. La situación social de una persona, como el hecho de vivir en la pobreza o de carecer de hogar, puede llevar aparejados discriminación, estigmatización y estereotipos negativos generalizados que con frecuencia hacen que la persona no tenga acceso a educación y atención de salud de la misma calidad que los demás, o a que se le deniegue o limite el acceso a lugares públicos" (párr. 35). De este modo, se considera la prohibición de dis-

112 Cit., párr. 13.

criminación por razón de pobreza incluida a través de 'otra condición social'. En el párrafo que se reproduce, se está previniendo contra los estereotipos que llevan a excluir a las personas de escasos recursos del acceso a los bienes y servicios y a la posibilidad de ejercer los derechos, pero si se observa desde el punto de vista de la igualdad inclusiva, también es posible considerar que se discrimina a una persona cuando se le exige un precio que sitúa el ejercicio de los derechos reconocidos en el pacto fuera de su alcance. Esta argumentación da pie para defender que del mismo modo que la posición económica no puede condicionar el acceso al ejercicio de los derechos civiles y políticos (que por ser derechos humanos han de quedar fuera del mercado), tampoco puede ser un obstáculo para el acceso a los bienes sobre los que se construyen los derechos sociales, económicos y culturales.

La desventaja en la que quedan situadas las personas pobres no puede explicarse sólo en la privación de recursos –a pesar de que es la circunstancia que define su posición–. En este sentido, conviene recordar la crítica de I. Marion Young a las teorías distributivas de la justicia. Estas teorías tratan de establecer los criterios correctos para la distribución de bienes, sin embargo, la injusticia social, también la que viven las personas económicamente desfavorecidas, no se refiere únicamente a la privación de bienes, sino que se traduce en dominación (obstáculos a la autodeterminación) y en opresión (obstáculos al autodesarrollo)[113]. Ambas son situaciones de atentado contra la autonomía en los términos en los que en este trabajo se ha defendido como objetivo de los derechos. La opresión, en la propuesta de esta autora se manifiesta como explotación, marginación, carencia de poder, imperialismo cultural y violencia. Todas estas circunstancias son vividas por las personas pobres.

En definitiva, la pobreza puede entenderse como uno de los motivos prohibidos de discriminación, de tal modo que cuando se exige el pago de un precio para acceder a los servicios de salud, o a la educación, que convierte en inaccesibles estos recursos para las personas que viven por debajo del umbral de la pobreza, se las está discriminando.

Como ha sido mostrado a lo largo de este capítulo, la efectividad de los derechos sociales puede fundamentarse también en la prohibición de discriminación, y este argumento puede ser operativo en sede jurisdiccional. La protección de los derechos a través de casos individuales es mejor que ninguna protección, pero no deja de ser una mala fórmula. Quien tiene la responsa-

---

[113] I.M. YOUNG, *Justicia y la política de la diferencia*, cit., pp. 31-69.

bilidad de desarrollar los mecanismos en cada caso más adecuados para la efectividad de los derechos, de todos los derechos, y de prever los recursos necesarios para tal fin, no es el juez, sino el poder legislativo y, en el marco determinado por el Parlamento, el Gobierno y la Administración, a ellos es a quienes corresponden en primera instancia los deberes positivos y negativos que se derivan del derecho a la igualdad y no discriminación. El poder judicial sólo interviene cuando los otros poderes han incumplido sus obligaciones. Son estos otros poderes quienes están discriminando a las personas pobres cuando no garantizan adecuadamente los derechos sociales.

Capítulo 3
Los límites del reconocimiento y el reto de la capacidad de las mujeres con discapacidad

A pesar de las dificultades para considerar a las mujeres como un grupo[114], lo cierto es que lo son en el sentido relevante para el Derecho antidiscriminatorio, en la medida en que incluso lo que significa ser mujer viene definido en gran parte a partir de las estructuras de distribución del poder que las colocan en desventaja. Las mujeres representan la mitad de la humanidad y son también la mitad de los otros grupos desaventajados, entre ellos, el de las personas con discapacidad. En el caso de las mujeres con discapacidad, situadas en la intersección entre el sistema sexo-género y el capacitista, los prejuicios y estereotipos desde el que son representadas hacen que las formas de discriminación en ocasiones sean distintas a las que en cada contexto afectan a las mujeres sin discapacidad.

Así, uno de los aspectos en los que se evidencia la discriminación de las mujeres es a través de las instituciones que les impiden disponer de su propio cuerpo y que incluso en los Estados constitucionales gozan de una excelente salud, como se ha puesto muy de manifiesto recientemente en la decisión del Tribunal Supremo de Estados Unidos en el caso Dobbs. Vs. Jackson[115]. Recordemos que esta sentencia revoca la doctrina establecida en Roe vs. Wade y de-

---

114 M. J. AÑÓN ROIG, "Autonomía de las mujeres: una utopía paradójica", en RAMIRO AVILÉS, M.A. y CUENCA GÓMEZ, P., *Los derechos humanos. La utopía de los excluidos.* Dykinson, Madrid, 2010, pp. 127-162.

115 *Dobbs, State Health Officer Of The Mississippi Department Of Health, Et Al. V. Jackson Women's Health Organization Et Al.*24 June 2010, disponible en *https://www.supremecourt.gov/opinions/21pdf/19-1392_6j37.pdf* (último acceso 5-9-2022).

clara que, conforme a la Constitución, los Estados tienen potestad para regular y prohibir la interrupción voluntaria del embarazo.

Pues bien, en relación con las mujeres con discapacidad, además, sigue estando legitimado en muchos lugares del mundo, entre los que se incluyen nuevamente Estados constitucionales, que sean otras personas quienes determinen si pueden mantener o no su capacidad reproductiva. A continuación, se presentará la cuestión de la esterilización involuntaria de las mujeres con discapacidad como un supuesto en relación con el cual se ponen de manifiesto los límites del Derecho antidiscriminatorio desde el punto de vista de la igualdad inclusiva.

A lo largo de este capítulo se mostrará cómo un concepto inclusivo de igualdad implicaría la posibilidad de utilizar las garantías antidiscriminatorias para atajar las restricciones a la capacidad de hecho o de Derecho que a veces afectan a las personas de los grupos desaventajados y que, en definitiva, implican que estas personas no son reconocidas como igualmente dignas. En concreto, se aborda el supuesto de las limitaciones de derechos sexuales y reproductivos a las mujeres con discapacidad intelectual y psicosocial, que tiene otras manifestaciones, pero que se expresa de forma contundente a través de la justificación de su esterilización involuntaria.

3.1. LA ESTERILIZACIÓN INVOLUNTARIA

El 17 de diciembre de 2020 se publicó en el Boletín Oficial del Estado la Ley Orgánica 2/2020, de 16 de diciembre, de modificación del Código Penal para la erradicación de la esterilización forzada o no consentida de personas con discapacidad incapacitadas judicialmente. Esta ley, en vigor desde el día siguiente a su publicación, suprime el párrafo segundo del artículo 156 del Código Penal español, por el que se establecía

> "No será punible la esterilización acordada por órgano judicial en el caso de personas que de forma permanente no puedan prestar en modo alguno el consentimiento al que se refiere el párrafo anterior, siempre que se trate de supuestos excepcionales en los que se produzca grave conflicto de bienes jurídicos protegidos, a fin de salvaguardar el mayor interés del afectado, todo ello con arreglo a lo establecido en la legislación civil."[116]

---

[116] La reforma es la segunda que afecta a al artículo 156 en el tiempo de vigencia de la CDPD, la primera modificaba una versión el artículo que despenalizaba la "la esterilización de persona incapacitada que adolezca de grave deficiencia psíquica cuando aquélla, tomándose

Asimismo, deja sin efecto los procedimientos en trámite, o tramitados, pero no ejecutados en esta fecha, "recuperando la persona objeto de los mismos la plena libertad de decisión respecto a someterse o no al tratamiento médico".

A pesar de que, desde el 3 de mayo de 2008, el Estado español tenía la obligación de asegurar conforme al artículo 23.1.c) de la CDPD que "las personas con discapacidad, incluidos los niños y las niñas, mantengan su fertilidad, en igualdad de condiciones con las demás", entre 2008 y 2020 hubo 1144 decisiones judiciales que afectaron a personas incapacitadas judicialmente[117].

La práctica implica la vulneración de varios derechos y la violación de diversos tratados internacionales[118] y, sin embargo, sigue siendo legal en muchos lugares del mundo bajo ciertas condiciones que implican su incidencia desproporcionada sobre las mujeres, en muchos casos niñas. En el caso de las mujeres con discapacidad, la esterilización se justifica con distintos argumentos, algunos de tipo eugenésico (se trata de evitar que las madres con discapacidad puedan dar a luz niños y niñas con discapacidad), otras veces relacionados con el control de la menstruación, con la anticoncepción o con la protección de la persona frente a abusos[119]. Como puede verse, para la discapacidad, y ocurre también en relación con otras situaciones, son las razones desde las que se justifica la esterilización las que permiten que esta se dirija en mayor medida hacia ciertas mujeres (o hacia ciertos cuerpos de mujer, si pensamos que en algunos lugares la extirpación de útero y ovarios es una condición para reconocer la identidad sexual).

A pesar del consenso claro sobre el rechazo de la esterilización como un atentado contra la dignidad humana, sólo de forma relativamente reciente los

---

como criterio rector el del mayor interés del incapaz, haya sido autorizada por el Juez, bien en el mismo procedimiento de incapacitación, bien en un expediente de jurisdicción voluntaria, tramitado con posterioridad al mismo, a petición del representante legal del incapaz, oído el dictamen de dos especialistas, el Ministerio Fiscal y previa exploración del incapaz".

117 G. INFANTES, "Un año sin esterilizaciones forzosas a mujeres con discapacidad en España: la atrocidad que se prohibió 12 años tarde", *Newtral,* 12 de diciembre de 2021, *https://www.newtral.es/esterilizacion-forzosa-personas-discpacidad-espana/20211212/* (último acceso 2-9-2022).

118 IJRC, *Forced Sterilization. Developments in International Human Rights Law 2016-2018,* 2019, disponible en *https://ijrcenter.org/wp-content/uploads/2019/03/FS-IHRL-Developments-Summary-w-links.pdf* (último acceso 2-9-2022).

119 ONU, Asamblea General, "Sexual and reproductive health and rights of girls and young women with disabilities: Report of the Special Rapporteur on the rights of persons with disabilities", A/72/133 (14 july 2017), disponible en: *https://ap.ohchr.org/documents/dpage_e.aspx?si=A/72/133* (último acceso 2-9-2022).

organismos de derechos humanos han reaccionado contra la pervivencia de estas normas que justifican en algunos supuestos lo que para la población general está prohibido. Es posible afirmar, a la vista de lo hasta aquí dicho, que durante todo este tiempo la esterilización de personas, como las mujeres con discapacidad, se consideraba compatible con los derechos humanos. La explicación de lo anterior puede situarse en que el modelo de derechos hasta este punto dominante se ancla en una representación de la condición humana desde la cual los derechos han resultado inservibles como salvaguarda de la dignidad de una gran parte de la humanidad[120]. En la concepción tradicional, los rasgos específicamente humanos, que justifican la atribución de dignidad entendida como el especial valor de los seres humanos, se sitúan en la racionalidad y en la autonomía (entendida como independencia y autosuficiencia); así mismo, es el espíritu, frente al cuerpo, el elemento distintivo de la humanidad frente a los animales no humanos.

Desde estas coordenadas, es fácil entender que los estereotipos que pesan sobre las mujeres con discapacidad las alejen del ideal de la humanidad, lo que además de hacerlas invisibles desde el punto de vista de la protección brindada por los derechos, permite justificar que se las trate de formas que se considerarían aberrantes en relación con los seres humanos reales que sí son imaginados como representantes de ese ideal.

Las distintas teorías críticas, y los movimientos sociales que las acompañan, han conseguido revisar esa imagen de ser humano e introducir en el sistema universal de protección de los derechos un nuevo modelo, que todavía está por construir, pero que sin duda nos permite ver la incoherencia que supone proclamar la universalidad de los derechos y articularlos en los planos ético, político y jurídico de manera que sólo resulten aplicables en relación con algunas personas y no durante toda su vida.

La polémica en torno a la esterilización de personas con discapacidad involucra la reflexión de los feminismos y de los estudios de la discapacidad. A pesar de que ambas disciplinas se desarrollaron de forma independiente[121], entre ellas existen algunos puntos comunes que conviene resaltar. En primer lugar, en ambos casos, el activismo ha cristalizado en ámbitos del saber. Este

---

[120] M.C. BARRANCO AVILÉS, *Condición humana y derechos humanos. Algunas claves filosóficas para un modelo contemporáneo de derechos,* cit.

[121] M.L. SERRA, *Mujeres con discapacidad: sobre la discriminación y opresión interseccional,* Madrid, Dykinson, 2017, pp. 404 y ss.

origen implica que la reflexión sea desarrollada también principalmente por personas que forman parte de estos colectivos. Por otro lado, tanto los estudios feministas como los estudios de la discapacidad, en coherencia con su origen, dan lugar a teorías críticas. Se trata, en tercer lugar, de disciplinas transversales. Finalmente, y este es el aspecto de mayor interés en el marco del presente trabajo, los estudios feministas y los estudios de la discapacidad son teorías igualitarias que se han encontrado con los derechos humanos como objeto de conocimiento.

A pesar de estas coincidencias, el desarrollo independiente provocó que ni los estudios feministas ni los estudios de la discapacidad considerasen a las mujeres con discapacidad. Precisamente, una de las críticas a los feminismos, impulsada de modo fundamental por el feminismo postcolonial, es el patrón de mujer que toma como referencia. Del mismo modo, se ha criticado a los estudios de la discapacidad que la reflexión se articula en torno a una figura concreta de persona con discapacidad física o sensorial que además se tendía a representar como un hombre. Junto con la revisión de algunas de las propuestas provocada por estas críticas, ambas perspectivas confluyen en los estudios feministas de la discapacidad. Hasta el momento, un rasgo específico es al recurso a las historias de vida y a la auto etnografía como metodología. Efectivamente, desde los estudios feministas de la discapacidad, la aproximación al objeto de conocimiento se realiza desde la propia experiencia vital de la persona investigadora para entender los patrones sociales y, en este caso, para "desmantelar la creencia de que la discapacidad equivale a tragedia" [122].

Precisamente, la revisión de la concepción de los derechos humanos que impulsan estas y otras teorías críticas es la que permite ver la cuestión de la esterilización tal y como estaba regulada y era aplicada en el Derecho español como una vulneración de los derechos humanos de las mujeres con discapacidad. En efecto, como se ha apuntado, la proyección de las teorías críticas sobre la teoría tradicional de los derechos ha dado lugar a un nuevo modelo de comprensión de los derechos que, en la medida en que resulta explicativo de las opciones de la Convención Internacional de los Derechos de las Personas con Discapacidad, podemos considerar incorporado al sistema universal de protección de los derechos humanos. Desde este nuevo modelo, se produce una revisión de la imagen de la persona titular de derechos, se reubica y se

[122] S. C. SIMPLICAN, "Feminist disability studies as methodology: life-writing and the abled/ disabled binary". *Feninist Review,* nº 115, 2017, pp. 46-60, p. 47.

revaloriza el cuidado en las teorías de la justicia basadas en derechos, se replantea el sentido de la vulnerabilidad en relación con los derechos y, en este marco, la dinámica entre sus dimensiones social e individual.

En lo sucesivo, además de desarrollar algunas de las implicaciones de lo anterior que pueden ser de interés para entender la importancia del cambio de mentalidad que ha llevado a la abolición formal de la esterilización forzosa (y en el que es preciso profundizar para que la esterilización involuntaria de hecho deje de producirse), trataré de explicitar cómo el nuevo modelo se proyecta sobre los derechos sexuales y reproductivos de las personas con discapacidad.

3.2. NORMALIDAD, NORMATIVIDAD Y DERECHOS HUMANOS

Como ha sido apuntado, un logro fundamental de los feminismos, los movimientos y los estudios de la discapacidad y de otras teorías críticas –y movimientos desde los que surgen–, es la transformación del modelo de derechos. Desde una articulación teórica excluyente de derechos, construida a partir de la homogeneidad, se pasa a una concepción cada vez en mayor medida inclusiva y, en este sentido, universalista. Un aspecto que resulta fundamental para entender el modelo resultante, que es posible denominar contemporáneo, es que sitúa en un lugar central el sufrimiento[123]. Esta perspectiva permite reconsiderar la representación de la condición humana que se sitúa en la base de los derechos y, en concreto, el peso de la corporalidad y de la vulnerabilidad en esta representación.

La concepción tradicional sitúa las claves de la condición humana en la razón y en la autonomía; asimismo, en las raíces del modelo hay una prioridad de la espiritualidad frente a la corporalidad como rasgo determinante de la condición humana, de tal modo que "'esclavos', 'paganos', 'bárbaros', pueblos colonizados, pueblos indígenas, mujeres, niños y niñas, pobres y 'dementes'" se consideran indignos de ser titulares de derechos[124]. Esta prioridad estaba ya presente en el pensamiento clásico en la relación aristotélica entre materia y forma que, aplicada al ser humano, implica, por un lado, la necesaria dualidad –es decir, la existencia depende de que el ser humano se materialice en un cuerpo–, pero, por otro, que es la potencialidad como ser capaz de razonar el rasgo distintivamente humano. En palabras de Claire Colebrook

[123] U. BAXI, *The Future of Human Rights*, cit., pp. 24-41.
[124] U. BAXI, *The Future of Human Rights*, cit., p. 29.

> "Puede decirse que la materia tiene una potencialidad propia: la forma hacia la que tiende y que manifiesta su ser más pleno. Los seres humanos, por ejemplo, tenemos un ser material y corpóreo y un alma nutritiva que sostiene ese ser corpóreo. Pero la potencialidad propia del hombre –aquella que define lo humano como humano– es lo que el alma humana logra cuando actualiza su máxima potencia. Cuando razonamos, realizamos la máxima potencia de lo que podemos ser, de modo que aun cuando no estamos realmente razonando –incluso cuando estamos descansando o incluso cuando estamos muertos– estamos definidos por nuestra capacidad de razonar"[125]

Además de la preferencia por lo espiritual sobre lo material encerrada en este planteamiento, la propuesta justifica la superioridad de los hombres sobre las mujeres, en la medida en que son aquellos quienes insuflan la forma en la materia proporcionada por estas. Aquí se encuentra también presente la representación del cuerpo 'normodotado', estándar, como masculino. En este sentido, Garland-Tomson muestra como para Aristóteles lo femenino es la deformación de lo masculino[126].

Frente a esta caracterización, tomar el sufrimiento humano en serio implica considerar la vulnerabilidad entre los rasgos de la condición humana que resultan relevantes para el reconocimiento de derechos, y ello tanto si la entendemos como una característica compartida por todos los seres humanos, cuanto cuando la referencia no es esa vulnerabilidad inevitable sino la que es el resultado del modo en la que la sociedad está construida[127].

3.2.1. La titularidad de los derechos

Las teorías feministas, en el panorama de las teorías críticas, han desempeñado un papel protagonista en el desmantelamiento de la imagen tradicional del titular de derechos como hombre, propietario, blanco, adulto e independiente y 'normodotado'.

---

125 C. COLEBROOK, "On not becoming man: the materialist politics of unactualized potential", in S. ALAIMO and S. HEKMAN (ed.), *Material Feminisms*, Indiana University Press, Boomington and Indianapolis, 2008, pp. 52-84, p. 58.

126 R. GARLAND-TOMSON, "Redrawing the Boundaries of Feminist Disability Studies", *Feminist Studies,* 20/3, 1994, pp. 582-595, p. 592.

127 M.C. BARRANCO AVILÉS, "Derechos humanos y vulnerabilidad. Los ejemplos del sexismo y el edadismo", cit.

Desde este punto de vista, por un lado, numerosas personas no han tenido acceso a la titularidad de los derechos. Por ejemplo, como punto de partida, ya se ha hecho referencia en el capítulo anterior al hecho de que la Declaración francesa de 1789 se aprobó bajo la de nominación de Declaración de los Derechos del Hombre y del Ciudadano, con lo que la pretendida universalidad contrastaba con una situación en la que sólo quienes de acuerdo con el imaginario de la época son considerados agentes morales son titulares, y ello constituía una pequeña parte de la humanidad.

Al mismo tiempo, por otra parte, los derechos que se incluyen en las declaraciones son los que tratan de salvaguardar la dignidad humana en las situaciones en las que estas mismas personas pueden verla comprometida. No es de extrañar, con estos presupuestos, que las reivindicaciones feministas no se plantearan inicialmente en términos de derechos

En buena medida estos problemas guardan relación con la caracterización de la titularidad de derechos desde la racionalidad y la autonomía, así como con el menosprecio de la condición corpórea de los seres humanos. Al destacar el carácter pensante y desechar la condición de quien sufre como condición humana, el modelo tradicional de los derechos incorpora una concepción normativa de humanidad coherente con las ideologías en las que se sustenta. La autopercepción de la experiencia particular y concreta de quienes impulsan el modelo, se utiliza como parámetro. En este sentido, la autonomía y la racionalidad se incorporan como rasgo del que hacen depender la posibilidad de los seres humanos de decidir sobre sí mismos, de participar en los procesos de adopción de decisiones colectivas, y, en definitiva, de acceder a la titularidad de los derechos humanos. Sin embargo, como hace notar Young, el pensamiento feminista ha puesto de manifiesto que esta asignación constituye una opción a favor de una determinada experiencia masculina, frente a otras experiencias y frente a la experiencia de las mujeres[128].

Esta visión renovada de la titularidad deja de lado la consideración de la razón como el rasgo que determina la atribución de dignidad y de derechos e impulsa la corporeización de la imagen del titular. Por su parte, la aproximación desde los estudios feministas de la discapacidad profundiza en el modo en el que la concepción tradicional permitió mantener determinados cuerpos como cuerpos subyugados y prescindibles. Rosemerie Garland-Thomson ilustra el poder de la normalidad en relación con el cuerpo con el recurso a la

128 I.M. YOUNG, *Justice and the Politics of Difference*, cit., p. 53.

cirugía como una herramienta de 'normalización'; de particular interés para este trabajo es su reflexión sobre la separación de personas siamesas y sobre la asignación quirúrgica del sexo en el caso de personas con genitales ambiguos. En opinión de la autora, en ambos casos se trata de variaciones congénitas del cuerpo que 'violan ideologías sagradas de la cultura occidental'; las personas siamesas porque contradicen la noción de la individualidad y las personas intersexuales porque 'retan nuestra insistencia en que el género biológico es inequívocamente binario'[129]. Tal ideología de la normalidad como normatividad es compartida por el modelo médico de la discapacidad desde el que es fácil que los argumentos se deslicen al viejo modelo de la prescindencia. En palabras de Garland-Thomson

> "El ostensiblemente progresista proyecto socio-médico de erradicar la discapacidad se promulga demasiado a menudo como un programa para eliminar personas con discapacidad a través de prácticas como la esterilización forzada, el llamado suicidio médico asistido y homicidio por piedad, el aborto selectivo, la institucionalización y políticas de segregación"[130].

Con estas premisas, se puede afirmar que la esterilización tal y como estaba regulada en España es coherente con "el mandato cultural de eliminar las variaciones en forma y función que consideramos discapacidades" basado en la asunción de que la discapacidad arruina la vida[131]. También lo son otras prácticas que igualmente afectan sobre todo a las mujeres con discapacidad intelectual y psicosocial, como los abortos no voluntarios.

Cuestión diferente es hasta qué punto esa representación de la dimensión individual de la discapacidad es un constructo cultural o se corresponde con elementos naturales. El interés por dejar de lado los argumentos relacionados con condiciones naturales, al que me referiré más adelante, obedece, en el caso de los estudios feministas, al esfuerzo llevado a cabo para liberar el significado de ser mujer de la reflexión desde la biología y está presente también en el modelo social de la discapacidad.

---

129 R. GARLAND-THOMSON, "Integrating Disability, Transforming Feminist Theory", *NWSA Journal,* nº 14, 2002, pp. 1-32, p. 13.

130 R. GARLAND-THOMSON, "Integrating Disability, Transforming Feminist Theory", cit., p. 15.

131 R. GARLAND-THOMSON, "Integrating Disability, Transforming Feminist Theory", cit. pp. 15-16.

Por otro lado, en el esquema del modelo contemporáneo, la autonomía, que en el modelo tradicional es el presupuesto para la atribución de derechos, pasa a ser un objetivo a realizar, al tiempo que las relaciones de dependencia adquieren relevancia en el discurso de los derechos, y ello desde dos puntos de vista.

En primer lugar, las relaciones de dependencia son relevantes desde el punto de vista de los derechos, porque a veces se convierten en situaciones de dominación arbitraria en las que se pone en peligro la dignidad de los sujetos 'dependientes'. Esta reflexión justifica, igualmente, la revisión del modo en el que se construye la separación entre lo público y lo privado, de modo que, frente a un esquema moderno en el que los derechos se sitúan al servicio del sujeto pretendidamente autónomo –con respecto al cual otros, que se consideran dependientes, quedaban invisibilizados–, en el modelo contemporáneo este sujeto aparece como un poder frente al cual han de operar los derechos.

En segundo lugar, porque también la dependencia es un aspecto de la condición humana, de modo que las relaciones con otros sujetos condicionan el modo en el que la dignidad se realiza y ello guarda relación con el replanteamiento del cuidado[132].

3.2.2. Vulnerabilidad como situación y como condición

Las teorías críticas, por excelencia el feminismo y de modo muy importante también los estudios de la discapacidad, ponen de manifiesto cómo tras las situaciones de vulnerabilidad se encuentran sistemas de distribución el poder social que favorecen a algunos grupos de personas (precisamente las que en mayor medida se corresponden con la imagen del titular abstracto) en perjuicio de otros grupos de personas. Esta reflexión es muy relevante porque permite, en primer lugar, entender la vulnerabilidad como el resultado de la interacción entre la condición individual y la 'arquitectura social'; en segundo lugar, el planteamiento resulta coherente con una aproximación a la vulnerabilidad desde un enfoque basado en derechos; y, en tercer lugar, desde este enfoque, la vulnerabilidad se presenta como una cuestión de discriminación estructural.

Esta idea de vulnerabilidad ha sido aplicada a la discapacidad a través del modelo social, que ha permitido extender la noción de opresión para dar cuen-

---

132 S. FREDMAN, *Human Rights Transformed: Positive Rights and Positive Duties*, Oxford University Press, Oxford, 2008.

ta de la situación de las personas con discapacidad[133]. La representación de la discapacidad como el resultado de la interacción entre las barreras del entorno y la condición individual, propia del modelo social, permite superar el modelo médico[134]. Precisamente, y en la medida en que la normalidad es una cuestión de poder, es el modo en el que la sociedad está organizada y construida la que genera la vulnerabilidad de aquellos que no han sido considerados en el diseño. Sin embargo, el modelo social desde los estudios de la discapacidad, no cuestionan la racionalidad y la autonomía como criterios para la atribución de la dignidad[135]. A grandes rasgos, de lo que se trata es de mostrar que las personas con discapacidad también son racionales y autónomas y, en este sentido, no vulnerables[136]; y en este punto es en el que el enfoque de la vulnerabilidad resulta complementario del enfoque de la no discriminación estructural[137].

Específicamente, la insistencia de los estudios feministas de la discapacidad en la experiencia de las mujeres con discapacidad como punto de partida para la reflexión implicó la mirada hacia la dimensión individual. En esta misma línea, la incorporación de la propuesta Queer a los estudios de la discapacidad, directamente presente en la Teoría Crip[138], lleva a cuestionar la distinción entre la dimensión social como lo construido y la dimensión individual como lo dado. En ambos casos se trata de construcciones.

La Teoría Crip reivindica la atención a la dimensión individual de la discapacidad en su intento de escapar a esa pretensión atribuida al modelo social de incluir a las personas con discapacidad en la definición de la normalidad, y se rebela contra la 'capacidad corporal obligatoria' (*compulsory able-bodiness*)[139], rescatando el valor de la 'deficiencia' culturalmente representada como lo crip. También en coherencia con la propuesta Queer, la subjetividad se entiende como una representación cultural, con lo que de nuevo surge el

---

133 P. ABBERLEY, P., "The Concept of Oppression and the Development of a Social Theory of Disability", Disability, Handicap and Society, vol. 2, nº1, 1987, pp. 5-19.

134 En el siguiente capítulo se presentarán con algo más de detalle los distintos modelos.

135 T. SIEBERS, T., *Disability Theory,* University of Michigan Press, 2008, p. 78.

136 M.A. FINEMAN, "The Vulnerable Subject: Anchoring Equality in the Human Condition", *Yale Journal of Law and Feminism,* 20/1, 2008, pp. 1-23.

137 M.A. FINEMAN, "Vulnerability and Social Justice". *Valparaiso University Law Review,* 53/2, 2019, pp. 341-370. 342 nota 4.

138 R. MCRUER, *Crip Theory. Cultural Signs of Queerness and Disability,* New York University Press, New York and London, 2006.

139 R. MCRUER, "Compulsory Able-bodiedness and Queer/Disabled Existence", in S. L. SNYDER, B.J. BRUEGGEMANN and R. GARLAND-THOMSON (ed.) *Disability Studies: Enabling the Humanities,* Modern Laguage Association of America, New York, 2002, pp. 301-308.

riesgo de desconsiderar la dimensión biológica y material del sujeto representado.

Una interesante propuesta de reconciliación en la tensión cultura/ biología es la que plantea el *Material Feminism*[140]. La perspectiva insiste en la importancia de atender a la vulnerabilidad como una condición natural de los seres humanos. En esta corriente, Cournay Bailey, por ejemplo, presenta la figura de la persona *surviving crip* frente a las considera deriva *anti-cure*, de los Estudios y del movimiento de la discapacidad, y deriva *anti-relational* de la Teoría Queer. La *surviving-crip* es "una alternativa generativa al *super-crip* de la cultura dominante, al normo-discapacitado, y al *queer* anti-relacional y autodestructivo"[141].

En mi opinión, estas propuestas teóricas constituyen una plataforma adecuada para abordar cuestiones como la esterilización forzada y, en general, las que afectan a la sexualidad y reproducción de las personas con discapacidad, desde una perspectiva de derechos humanos, y permiten enmarcar el problema en el contexto de la reflexión sobre los derechos sexuales y reproductivos.

3.3. DERECHOS SEXUALES Y REPRODUCTIVOS Y CAPACIDAD JURÍDICA

El impulso de las distintas revisiones que se producen dentro de la teoría de los derechos, de los Estudios Feministas y de los Estudios de la Discapacidad, introduce en el discurso sobre los derechos el debate sobre los derechos sexuales y reproductivos de las mujeres con discapacidad. Efectivamente, la revisión de la racionalidad y la autonomía como condiciones para la atribución de derechos y la visibilización de la corporalidad y la vulnerabilidad como elementos de la condición humana, constituyen condiciones que nos permiten entender por qué los derechos sexuales y reproductivos forman parte de los derechos humanos.

La posibilidad de disponer del propio cuerpo en relación con la fertilidad y la reproducción no ha sido cuestionada en relación con el adulto propietario

---

[140] R. GARLAND-TOMSON, "Misfits: A Feminist Materialist Disability Concept", *Hypatia,* 26/3, 2011, pp. 591-609.

[141] C. BAILEY, "On the Impossible: Disability Studies, Queer Theory, and the Surviving Crip", *Disability Studies Quaterly,* 39/4, 2019. Disponible en *https://dsq-sds.org/article/view/6580/5463* (último acceso 2-9-2022).

blanco 'normodotado', sino que sólo se ha negado a las mujeres y a algunos hombres, de manera que las instrumentalizaciones que hoy se quieren evitar mediante el reconocimiento de derechos sexuales y reproductivos (y que en buena medida desde una concepción más inclusiva podrían haberse combatido a partir de argumentos basados en otros derechos) no se consideraban atentados contra la dignidad humana. En parte por esta razón, los derechos sexuales y reproductivos no se incluían en los catálogos que se han justificado desde el modelo tradicional.

Más en concreto, y retomando el ejemplo de la esterilización tal y como estaba justificada y era aplicada en el Derecho español, el supuesto de hecho es el de la discapacidad intelectual y psicosocial –en la medida en que las personas con discapacidad intelectual y psicosocial y las personas con deterioro cognitivo eran las susceptibles de ser incapacitadas judicialmente–, y afecta a las niñas y a las mujeres. Muchas de estas mujeres eran sometidas a procedimientos de incapacitación con el objetivo de facilitar la esterilización[142] y en algunos casos ni siquiera eran informadas sobre la intervención que se les había realizado[143].

Si prestamos atención a la situación y tratamos de explicarnos por qué se ha mantenido a lo largo del tiempo, incluso a pesar del consenso en torno a los derechos humanos de las mujeres y de los derechos humanos de las personas con discapacidad, podemos encontrar la respuesta, al menos parcialmente, en la falta de consideración a la diversidad de mujeres por parte de los feminismos, en el carácter masculino y asociado a la discapacidad sensorial y física de la imagen de *super-crip* por parte de los estudios y los movimientos de la discapacidad[144], en la desconsideración de la condición individual (sea sexo o *impairment*) por parte de ambos, y, finalmente, en el rechazo a lo biológico y 'natural' en la construcción de esta condición cuando es reivindicada por las Teorías Queer y Crip. Y es que las mujeres con discapacidad intelectual y psicosocial son propensas a la esterilización forzosa en el mundo porque pueden menstruar y ser madres.

---

[142] CERMI, Fundación CERMI Mujeres, EDF, *Poner fin a la esterilización forzosa de las mujeres y niñas con discapacidad,* CINCA, Madrid, 2017.

[143] L. CUENCA GÓMEZ, "Esterilizaciones forzosas: una violación de los derechos humanos de las mujeres con discapacidad", *Pícara Magazine.* 10-4-2019, disponible en *https://www.pikaramagazine.com/2019/04/esterilizaciones-forzosas-mujeres-con-discapacidad/* (última consulta 2-9-2022).

[144] M.C. BARRANCO AVILÉS, "La discapacidad intelectual y la discapacidad psicosocial como situaciones de vulnerabilidad", *Cuadernos Electrónicos de Filosofía del Derecho,* nº45, 2021, pp. 24-45.

En el presente apartado, se recordará que la capacidad jurídica ha sido una institución fundamental en relación con el igual reconocimiento de derechos porque supone la traducción jurídica de la agencia moral (piénsese en las restricciones a la capacidad de obrar de las mujeres casadas presentes hasta hace relativamente poco tiempo en los sistemas de derecho civil). Se argumentará asimismo que la posibilidad de disponer del propio cuerpo es uno de los aspectos en los que se traduce el reconocimiento de capacidad y es precisamente el objetivo perseguido cuando se reclaman derechos sexuales y reproductivos. Asimismo, se mostrará como, en la medida en que las mujeres con discapacidad intelectual y psicosocial no son consideradas agentes morales, también han sido privadas de capacidad jurídica, justificándose que sean otras personas las que decidan sobre su cuerpo, y se defenderá que, por tanto, los derechos sexuales y reproductivos de estas mujeres, entre los que se incluye el derecho a preservar la fertilidad, sólo son realizables en la medida en que se implemente su derecho al igual reconocimiento como persona ante la ley.

3.3.1. Los planos de la capacidad jurídica y los derechos sexuales y reproductivos como derechos humanos

La capacidad es uno de los aspectos en los que, junto con el alcance de la prohibición de discriminación, se puede valorar el compromiso de un sistema jurídico con la igualdad. Efectivamente, el concepto de capacidad, tal y como es recogido por el Derecho, implica "la aptitud para asumir obligaciones jurídicas exigibles y para imponer los propios derechos sin ayuda de un tutor"[145]. Se trata de una idea que tiene al menos tres sentidos de relevancia jurídica. Uno de ellos es el formal estricto, que remite al concepto de capacidad jurídica (usualmente emparentada con la capacidad de obrar); también se puede hablar de capacidad formal en sentido más amplio para hacer referencia a la diferente medida en la que las personas consideradas capaces son tratadas 'como personas adultas por el Derecho'. Un tercer sentido de la capacidad, podemos denominar 'capacidad de facto', involucra además la concepción de las otras personas, y, señala Freeman,

> "se refiere a la capacidad de aceptar y ejercer los derechos y responsabilidades de un adulto en la propia sociedad. Este concepto implica tanto

[145] M. A. FREEMAN, "Measuring Equality: a Comparative Perspective on Women's Legal Capacity and Constitutional Rights in Five Commonwealth Countries". *Berkeley Women's Law Journal* nº 5, 1989-1990, pp. 110-138, p. 112.

el compromiso personal con las responsabilidades de los adultos como la percepción de los demás de que uno es capaz de vivirlas. En última instancia, implica una amplia gama de opciones en la vida personal, social y económica"[146].

Pues bien, las mujeres con discapacidad intelectual y psicosocial se ven privadas de la capacidad en todos los sentidos señalados[147], lo que implica que carecen de poder, pero también se hace efectiva la marginación y quedan desprovistas de garantías contra la explotación y la violencia; con lo anterior se institucionalizan cuatro de las 'cinco caras de la opresión' desde el ya citado esquema de Iris MarionYoung[148].

Cuando una persona no es reconocida como capaz de gobernarse, se producen vulneraciones de sus derechos en varios niveles y, entre todos los derechos afectados, se encuentran también los derechos sexuales y reproductivos.

Una cuestión, no ajena a controversias, es precisamente la delimitación de los derechos sexuales y reproductivos. Desde un enfoque de derechos humanos, la referencia a la sexualidad y a la reproducción se produce en el marco de la Cuarta Conferencia Mundial de la Mujer, en la Declaración de Beijing en la que los derechos sexuales aparecen vinculados a la idea de 'capacidad' en el sentido amplio en el que se utiliza este concepto, en la medida en que implican 'controlar' el propio cuerpo, que es lo que en definitiva supone 'tener el control sobre la sexualidad, incluida la salud sexual y reproductiva' y la decisión libre sobre estas cuestiones sin coerción, discriminación y violencia[149]. El mayor desarrollo de estos derechos se ha producido al hilo del concepto de salud sexual y reproductiva, pero, por un lado, su alcance es más amplio y, por

---

146 M. A. FREEMAN, "Measuring Equality...", cit., pp. 112-113.

147 M.G. BERNARDINI, *La capacità vulnerabile,* Jovene Editore, Napoli, 2021, pp. 83-95. Es importante señalar que el 3 de septiembre de 2021 entró en vigor la reforma del Código Civil español que elimina la incapacitación judicial y diseña un sistema de apoyos en la toma de decisiones (Ley 8/2021, de 2 de junio, por la que se reforma la legislación civil y procesal para el apoyo a las personas con discapacidad en el ejercicio de su capacidad jurídica). En el marco de España y a propósito de esta cuestión es de interés el seguimiento de la aplicación de la medida y el estudio de hasta qué punto la eliminación de la posibilidad de incapacitar formalmente a una persona implica también la eliminación de las restricciones a la capacidad en las restantes acepciones.

148 YOUNG, I.M., *Justice and the Politics of Difference*, cit., pp. 39-65.

149 ONU MUJERES, *Declaración de Beijing y Plataforma de Acción*, 15 de Septiembre 1995, A/CONF.177/RES/1, §94, disponible en *https://www.un.org/womenwatch/daw/beijing/pdf/BDPfA%20F.pdf* (última consulta 2-9-2022).

otro, no siempre la atención a la salud sexual y reproductiva se aborda desde un enfoque basado en derechos [150].

Tal y como son reclamados, los derechos sexuales y reproductivos afectan a varios derechos humanos (no discriminación, intimidad, integridad, vida privada y familia…) y, en todo caso, en su ejercicio está comprometida la libertad en la toma de decisiones, lo que se pone de manifiesto en el hecho de que el discurso sobre estos derechos se produjera en el marco de los feminismos como la reivindicación del control sobre su propio cuerpo por parte de las mujeres. Como se ha señalado, el respeto de su posibilidad de tomar decisiones es una de las cuestiones más controvertidas en relación con las mujeres con discapacidad intelectual y psicosocial y esta controversia se proyecta sobre el control sobre el propio cuerpo.

Asimismo, al hilo de la reflexión sobre los derechos sexuales y reproductivos de las personas con discapacidad se presenta la polémica sobre el estatuto de la asistencia personal. En relación con la sexualidad de personas con discapacidad intelectual o psicosocial se puede plantear un doble apoyo, el que tiene que ver con la asistencia sexual y el que se relaciona con el apoyo en la decisión de realizar una actividad sexual[151]; resulta evidente que la toma de decisiones en relación con la propia sexualidad y los apoyos en la misma, están estrechamente relacionados con la capacidad jurídica formal en sentido estricto, pero la asistencia sexual también afecta a la capacidad jurídica, esta vez en sentido amplio, en tanto abordarla como problema relacionado con los derechos sexuales y reproductivos supone hablar de las condiciones para poner en práctica las decisiones en este plano.

3.3.2. Los derechos humanos de las mujeres con discapacidad intelectual y psicosocial

Sobre las mujeres con discapacidad intelectual y psicosocial pesan estereotipos diferentes de los que afectan a las mujeres 'normodotadas', a las personas con discapacidad y a los hombres con discapacidad intelectual. Estos estereotipos las exponen en mayor medida a violaciones de derechos y a veces

150 S. CORREA, "From reproductive health to sexual rights achievements and future challenges". *Reproductive Health Matters. An International Journal of sexual and reproductive health rights,* 5/10, 1997, pp. 107-116.

151 R. DE ASÍS, "¿Es la asistencia sexual un derecho?". *Revista Española de Discapacidad,* 5/2, 2017, pp. 7-18.

impiden identificar ciertas violaciones como tales[152] y esto es precisamente lo que ocurre con sus derechos sexuales y reproductivos a pesar del reconocimiento para todas las personas con discapacidad por la CDPD.

La sociedad, y muchas veces la propia familia, no conciben que las mujeres con discapacidad intelectual y psicosocial puedan ser madres. Los prejuicios afectan de modo distinto a la discapacidad intelectual y a la discapacidad psicosocial. Así, se dice que las mujeres con discapacidad intelectual son como niñas, son irresponsables cuando quieren ser madres, o que las mujeres con discapacidad psicosocial son peligrosas y pueden serlo para sus hijos e hijas.

En torno a la sexualidad de las mujeres con discapacidad intelectual y psicosocial se han construido tanto el estereotipo de la asexualidad como el de la hipersexualidad. A lo anterior hay que sumar que se las infantiliza y se las sobreprotege, con lo que su sexualidad tiende a ser abordada únicamente desde la perspectiva de los abusos. Las representaciones llevan a que no se respeta la intimidad, no reciban una adecuada educación sexual y se les niegue servicios de salud relacionados con el ejercicio de la sexualidad. Asimismo, la facilidad con la que otras personas acceden al cuerpo de las mujeres con discapacidad y la falta de formación sexual, son factores que influyen en la incidencia de los abusos. Se trata de barreras que vulneran el derecho a la privacidad y el respeto del hogar y de la familia (artículos 22 y 23 CDPD) y facilitan que las mujeres con discapacidad intelectual puedan ser víctimas de explotación violencia y abuso (artículo 16 CDPD).

En cuanto a los derechos relacionados con la reproducción, tales estereotipos han hecho que las mujeres con discapacidad intelectual y psicosocial no reciban una atención adecuada en el ejercicio de su maternidad (que ni siquiera se concibe como una posibilidad) y que sean escasos o inexistentes

[152] En la clínica "Obstáculos para la plena inclusión de las mujeres con discapacidad intelectual y psicosocial" –desarrollada en el curso 2016/2017 en el marco del Instituto de Derechos Humanos Gregorio Peces-Barba de la Universidad Carlos III de Madrid y con la colaboración de Plena Inclusión, Confederación Salud Mental España, Madrid sin barreras, el Ayuntamiento de Leganés y A la par– mujeres con discapacidad intelectual, estudiantes de la Universidad y profesores y profesoras de distintas disciplinas, fundamentalmente jurídicas, trataron de identificar algunas de las barreras a las que las mujeres se enfrentan en el ejercicio de la maternidad, en cuanto a su sexualidad, en la educación, en el empleo y en el derecho a una vida libre de violencia y de relacionarlas con los derechos, INSTITUTO DE DERECHOS HUMANOS GREGORIO PECES-BARBA, *Barreras para la igualdad de las mujeres con discapacidad intelectual y psicosocial,* disponible en *http://portal.uc3m.es/portal/page/portal/instituto_derechos_humanos/clinica_juridica/folleto-lectura-facil* (último acceso 2-9-2022).

servicios públicos de apoyo para la maternidad e independencia de la crianza. A veces, se priva a las mujeres con discapacidad intelectual y psicosocial de la potestad y custodia de sus hijos e hijas; son excluidas de los procesos de adopción y del acceso a la reproducción asistida y se adoptan decisiones relativas a su fertilidad sin tener en cuenta su consentimiento. Como se ha visto, en las formas más extremas, los estereotipos han justificado que se someta a las mujeres con discapacidad intelectual y psicosocial a esterilizaciones forzosas y llevan también a abortos forzosos. Es fácil entender que estos comportamientos, además de ser discriminatorios, impiden a las mujeres con discapacidad decidir sobre su propio cuerpo, constituyen una vulneración del derecho a contraer matrimonio y fundar una familia así como a decidir el número de hijos que quieren tener, a acceder a la información y educación sobre reproducción y planificación familiar a mantener su fertilidad en igualdad de condiciones que las demás (artículos 6, 17, 23 y 25 CDPD).

Como se desprende de lo anterior, la reflexión sobre los derechos sexuales y reproductivos de las mujeres con discapacidad permite ilustrar la afirmación de que los derechos siguen sin ser adecuados para salvaguardar la dignidad de los seres humanos que no han sido incorporados en la representación de la titularidad.

3.4. A MODO DE CONCLUSIÓN

La abolición de la esterilización forzosa en España supone un paso muy importante en el reconocimiento de las mujeres con discapacidad intelectual y psicosocial como titulares de derechos humanos, que sólo es posible a partir de una revisión de la teoría de los derechos en un sentido más universalista. Esta revisión opera en varios niveles y afecta de modo muy importante a las asunciones sobre la condición humana que están detrás de las reflexiones sobre el fundamento y la protección de los derechos. La salvaguarda de la dignidad de las mujeres con discapacidad intelectual y psicosocial reta a la racionalidad y a la autonomía como presupuestos para la atribución de derechos, requiere aceptar la vulnerabilidad como un rasgo universal de la condición humana e implica la necesidad de tener en cuenta que los seres humanos somos de carne y hueso. Sólo desde estas coordenadas, los argumentos para la esterilización forzada por razón de discapacidad nos resultan contradictorios con el discurso de los derechos.

Por otro lado, la garantía de los derechos sexuales y reproductivos requiere del reconocimiento de la capacidad, de manera que la aplicación del artículo

12 CDPD que establece el derecho al igual reconocimiento como persona ante la ley, y nótese que en el precepto se utiliza la expresión 'igual reconocimiento', afecta a numerosas cuestiones implicadas en estos derechos que, se ha señalado, se resumen la idea de que las personas deben tener derecho a controlar su propio cuerpo en relación con la sexualidad y la reproducción. En la medida en que el artículo 12 no ha sido totalmente implementado, tampoco los aspectos del derechos sexuales y reproductivos que implican tomar decisiones encuentran una adecuada garantía, y esto afecta especialmente a las personas con discapacidad intelectual y psicosocial.

Recordemos que el artículo 12 establece como obligación de los Estados parte el reconocimiento de la capacidad jurídica de las personas con discapacidad en igualdad de condiciones con las demás en todos los aspectos de la vida. En este escenario, la Convención propone un modelo de apoyo en la toma de decisiones, con las salvaguardias adecuadas, para el ejercicio de la capacidad. Dado que 'todos los aspectos de la vida abarcan los derechos sexuales y reproductivos' y el ejercicio de los derechos sexuales y reproductivos implica, como se ha reiterado, tomar decisiones, este es un aspecto sobre el que han de proyectarse las obligaciones del Estado.

La garantía del control del propio cuerpo en relación con la sexualidad y la reproducción requiere del cumplimiento obligaciones negativas (como abstenerse de esterilizar a una persona sin su consentimiento), pero también de obligaciones positivas, que tienen que ver con la provisión de los apoyos necesarios para decidir sobre este aspecto –y, más en general, sobre la propia sexualidad– y de llevar a cabo estas decisiones (lo que, entre otras cuestiones, nos pone sobre la mesa la necesidad de abordar seriamente el debate sobre la asistencia sexual).

Por otro lado, y en relación con los derechos reproductivos, por ejemplo, las personas con discapacidad tienen derecho a contraer matrimonio y a fundar una familia, sobre la base del consentimiento libre y pleno de los futuros cónyuges (art. 23.1.a CDPD) así como el derecho a decidir sobre el número de hijos (23.1.b CDPD). Una vez más, para la garantía de estos derechos no basta con que se eliminen los obstáculos jurídicos que impiden su ejercicio, además es necesario que se provean los apoyos necesarios para que el consentimiento sea libre y pleno y para que las opciones elegidas puedan llevarse a cabo. Por ejemplo, el Comité sobre los Derechos de las Personas con Discapacidad en sus Observaciones Finales sobre los informes periódicos segundo y tercero combinados de España [153] insiste en la necesidad de que el Estado "proporcione apoyo para que los padres con discapacidad puedan conservar la patria potestad plena de sus hijos y promueva una imagen positiva de la aptitud de estas personas para criar a sus hijos y de su derecho a tener hijos y a la vida familiar"

Esta última reflexión resulta fundamental desde el punto de vista de las teorías de los derechos porque se encuentra estrechamente vinculada con el papel del cuidado. Efectivamente, la garantía de los derechos humanos de todas las personas en todas partes requiere entender que el cuidado no es una cuestión a resolver en privado que sólo interese a lo público en las situaciones excepcionales en las que algunas personas son dependientes. En la medida en que todas las personas somos dependientes y nuestra realización se lleva a cabo también cuidando y siendo cuidadas, de manera que el cuidado es un elemento importante de la ética pública y su organización por parte del poder público ha de entenderse como una condición para la efectividad de los derechos humanos.

En relación con la efectividad, en el párrafo transcrito, el Comité menciona como parte de las obligaciones positivas del Estado la importancia de promover una imagen positiva de la aptitud de las personas con discapacidad. Este aspecto es de particular interés, porque cambiar el Derecho es relativamente sencillo, el verdadero reto está en afrontar el cambio de mentalidad que se requiere para que las normas aprobadas sean eficaces. Retomando el caso de la reforma normativa en España, todavía es necesario seguir trabajando para que de verdad las esterilizaciones no voluntarias dejen de llevarse a cabo.

En cualquier caso, y en la medida en que tanto la privación de capacidad, como los obstáculos en los derechos mencionados, como, claramente, la esterilización no voluntaria, encuentran su origen en normas y/o prácticas que impactan de forma desproporcionada sobre personas con discapacidad y, en concreto, sobre mujeres con discapacidad, parece que sería posible encontrar argumentos suficientes como para extender a estos supuestos las garantías del Derecho antidiscriminatorio. Una vez más, es la pervivencia en el Derecho y

---

[153] Comité sobre los Derechos de las Personas con Discapacidad,*Observaciones Finales sobre los informes periódicos segundo y tercero combinados de España*, 2018, CRPD/C/ESP/CO/2-3, disponible en *https://tbinternet.ohchr.org/_layouts/15/treatybodyexternal/Download.aspx?symbolno=CRPD%2fC%2fESP%2fCO%2f2-3&Lang=en* (última consulta 2-9-2022).

en la cultura de elementos propios de un concepto tradicional de derechos y de igualdad la que se erige como un obstáculo a la hora de aceptar estos argumentos que, sin embargo, resultan coherentes con la dimensión de reconocimiento incorporada al concepto de igualdad inclusiva.

Capítulo 4
Los límites del concepto. Accesibilidad y discriminación. El ejemplo del acceso a la justicia

Una de las dimensiones incluidas en el concepto de igualdad inclusiva es la que el Comité sobre los Derechos de las Personas con Discapacidad enuncia como "de ajustes para dar cabida a la diferencia como un aspecto de la dignidad humana". La necesidad de incluir este aspecto como una cuestión de la que depende la igualdad se produce cuando se constata que la desventaja de ciertos grupos encuentra su origen en que la sociedad se ha diseñado sin tenerlos en cuenta y, por tanto, no es accesible. El problema no afecta únicamente a las personas con discapacidad, pero es en el ámbito de la discapacidad en el que se ha abierto camino la idea, aplicable a otros grupos, de que la exclusión es el resultado de la interacción entre su condición y las barreras del entorno.

En la concepción de la igualdad todavía predominante se entiende que es la persona considerada 'diversa' quien debe adaptarse a la sociedad, construida teniendo en cuenta la normalidad, como una condición para su integración. Sin embargo, la dimensión transformativa o de ajustes de la igualdad parte del presupuesto de que la normalidad es una cuestión de poder y que, por tanto, es la sociedad la que debe modificarse para incluir a la diversidad.

En algunas ocasiones, la atención a la diversidad desde la defensa del igual valor de todos los seres humanos exige cambios universales (en el ámbito de la discapacidad se habla de accesibilidad a través del diseño universal), en otras ocasiones, como se verá, la fórmula más adecuada es realizar ajustes teniendo en cuenta la especificidad de la situación (se habla de ajustes razonables). En todo caso, desde la igualdad inclusiva, el problema de la accesibilidad aparece claramente como un asunto relevante para el Derecho antidiscriminatorio.

4.1. ACCESIBILIDAD Y DISCRIMINACIÓN

4.1.1. La discapacidad como barreras a la inclusión y a la participación. La normalidad como poder y la prevención de la discapacidad

La definición de la discapacidad depende de toda una representación de lo que significa 'ser humano'[154] que ya ha sido abordada en este trabajo[155] y sobre la que conviene volver para comprender cuál es el papel de la accesibilidad en el Derecho y para tener criterios para valorar el papel que tiene, hasta el momento, asignado.

La CDPD, no ofrece una definición de discapacidad, sino de personas con discapacidad que entiende como "aquellas que tengan deficiencias físicas, mentales, intelectuales o sensoriales a largo plazo que, al interactuar con diversas barreras, puedan impedir su participación plena y efectiva en la sociedad, en igualdad de condiciones con las demás" (artículo 1.2 CDPD) [156]. El texto se refiere a todas las personas con discapacidad, cualquiera que sea la condición individual que, asociada a barreras, impida la inclusión en condiciones de igualdad. El esquema que en mayor medida permite entender esta toma de postura es el modelo social. Con su incorporación, en el Derecho internacional de los derechos humanos se opta por una concepción de la discapacidad que no coincide con lo que de forma predominante se entiende por discapacidad en las sociedades occidentales. Por otro lado, desde el punto de vista de la reflexión teórica, pero con implicaciones en la acción política en favor de los derechos de las personas con discapacidad, es posible identificar variaciones a partir del modelo social y, finalmente, no se trata de una opción

[154] M. OLIVER, *The politics of disablement,* Basignstoke, Macmillan, 1990, Chap. 1 "Disability Definitions: The Politics of Meaning", pp. 1-11.

[155] Ver particularmente en el capítulo anterior el apartado 3, sobre "Normalidad, normatividad y derechos humanos".

[156] El término 'impairments' ha sido traducido al español como 'deficiencia'. Las connotaciones negativas me llevan a mantener el término en inglés o a hablar de 'condición individual'.

indiscutida incluso entre quienes rechazan el modelo médico y rehabilitador que la Convención intenta superar. En las líneas que siguen se realizará una somera presentación de estos modelos.

A día de hoy, en el Derecho y en la representación social de la discapacidad en diversos lugares del mundo es posible encontrar todavía elementos que encajarían en el modelo, en el que las personas con discapacidad se consideran prescindibles; se habla, en este sentido de modelo de la prescindencia[157]. En este marco, claramente incompatible con un enfoque basado en derechos, la discapacidad tiende a considerarse el castigo por acciones pasadas de la persona con discapacidad o sus progenitores y las personas con discapacidad una carga de la que es mejor deshacerse mediante la marginación y, cuando todavía es posible, la adopción de medidas eugenésicas.

Durante amplios períodos en la historia, y también hoy en algunos lugares del mundo y sobre todo en relación con algunos temas, el modelo de tratamiento que predominó fue, precisamente, este enfoque. Se pretendió afrontar la situación mediante la eliminación o la separación de las personas con discapacidad desde presupuestos cuya persistencia en el actual imaginario colectivo se pone de manifiesto a través de figuras como la esterilización, el aborto selectivo, la 'eugenesia', la ocultación, la reclusión o el internamiento involuntario. Los ejemplos citados revelan que desde esta perspectiva se justifican graves vulneraciones de los derechos de las personas con discapacidad.

En la medida en que sus presupuestos resultan coherentes con la institucionalización de los Estados de bienestar y con el sentimiento de deuda hacia las numerosas personas que habían resultado heridas en las dos grandes guerras[158], el modelo que en mayor medida está presente en el ámbito occidental en el momento en el que se aprueba la Convención es el modelo médico o rehabilitador. La discapacidad se considera una carencia individual, por eso también se caracteriza a esta concepción como individualista[159], que se identifica y se aborda con criterios médicos y que supone una desviación del estándar de fun-

---

[157] Se utiliza la tipología y las denominaciones de A. PALACIOS, *El modelo social de discapacidad: orígenes, caracterización y plasmación en la Convención Internacional sobre los Derechos de las Personas con Discapacidad,* Madrid, Cinca, 2008, pp. 37-101.

[158] C. BARNES, "The Social Model of Disability. Valuable or irrelevant?", in N. WATSON, A. ROULSTONE and THOMAS, C., *The Routledge Hadbook of Disability Studies,* Routledge, London, pp. 12-29.

[159] Puede verse la caracterización de la perspectiva social frente a la perspectiva individualista en A. BORSAY, "Personal Trouble or Public Issue?", en L. BURTON y M. OLIVER, M., *Disability studies: Past Present and Future,* The Disability Press, Leeds pp. 115-137.

cionamiento de un ser humano, es decir, una 'anormalidad'. El tratamiento jurídico político de la discapacidad tiene un carácter tecnocrático, de modo que se basa en argumentos utilitaristas y tiene como objetivo recuperar mediante la rehabilitación a las personas para la sociedad o evitar un mal mayor también para la sociedad. El fundamento de las medidas que se implementan no es la protección de los derechos de las personas a las que se dirigen, sino mejorar el bienestar global de la sociedad sobre la que se interviene. De algún modo, se trata de convertir en 'normales' a las personas con discapacidad.

El modelo social, que como se apuntaba está en mayor medida presente en la Convención, supone un cambio de paradigma en el tratamiento de la discapacidad, pero también en relación con la teoría de los derechos humanos[160]. En este marco, la discapacidad se relaciona con la discriminación, y, en esta medida, puede considerarse como una cuestión relevante desde el punto de vista de los derechos. El modelo se articula por contraposición a los planteamientos del modelo médico y entre sus presupuestos se subraya que el modo en el que una característica individual influye en la capacidad de funcionar de las personas tiene que ver con el entorno, de forma que, en definitiva, la definición de la normalidad es una cuestión de poder. En el origen del modelo se encuentra la acción política de las propias personas con discapacidad, que termina dando pie al desarrollo en la academia de los *Disability Studies*.

Frente al modelo de la prescindencia, que niega el valor de las personas con discapacidad, y al modelo rehabilitador, que trata de adecuarlas a la normalidad, el modelo social sería más coherente con la afirmación del igual valor de todos los seres humanos y, en esta medida, con abordar la discapacidad desde políticas públicas basadas en derechos humanos[161] en las que el objetivo son los derechos, el método la participación y el resultado el empoderamiento de las personas en cuyo favor se interviene.

En Estados Unidos y en Reino Unido el modelo social se articula de forma diferente. Así, en el esquema estadounidense, donde tiene un gran peso el movimiento de vida independiente, la discapacidad se considera una manifestación de la diversidad humana y el análisis de la situación de las personas con discapacidad se realiza en el marco de la discusión sobre los derechos de las

[160] R. DE ASÍS ROIG, *Sobre discapacidad y derechos,* cit.

[161] G. QUINN and T. DEGENER (*et. al.), The current use and future pontential of United Nations human rights instrument in the context of disability,* United Nations, New York and Geneva, 2002.

minorías[162]. Si bien es cierto que sus enseñanzas en relación con la relevancia de la vida independiente han sido muy importantes también desde el punto de vista de la discapacidad intelectual y psicosocial, algunos de los planteamientos, especialmente en el plano académico, mantienen una concepción liberal de los derechos, con lo que, entre otros problemas, el concepto de discriminación que se maneja tiende a desconsiderar las dimensiones estructurales y no se tiene en cuenta que la vulnerabilidad es un rasgo característico de la condición humana, cuestión en la que, como veremos, se insiste en posteriores revisiones y críticas del modelo social de la discapacidad en su conjunto.

A diferencia de la versión americana, la construcción del modelo social predominante en el contexto británico insiste en que la discapacidad es el resultado de estructuras sociales de dominación. De este modo, y con una gran influencia del materialismo histórico, la discapacidad se representa como una situación de opresión[163]; son las estructuras económicas, sociales y políticas las que apuntalan el sistema de valores que estigmatiza a las personas con discapacidad[164].

Las críticas a esta versión del modelo social que representan tanto Finkelstein como Barnes y Oliver, considerada rígida, han sido en buena medida abordadas en el capítulo anterior. En este momento interesa recordar dos de las ideas allí expuestas. Por un lado, se señala que no ha sido capaz de revisar la representación del sujeto que está presente en la concepción tradicional de los derechos y que es la misma representación que en buena medida ha impedido que los derechos sean una herramienta adecuada para la salvaguarda de la dignidad de las personas con discapacidad y de todas aquéllas que como ellas son adscritas a los llamados 'grupos vulnerables'. Adicionalmente, desde distintas perspectivas se considera que una parte de las limitaciones del modelo tienen que ver con el papel que en él desempeña la dimensión individual de la discapacidad.

162 J.P SHAPIRO, *No Pity. People with Disabilities Forging a New Civil Rights Movement,* Three Rivers, New York, 1994.

163 Shakespeare atribuye a Vic Finkelstein, Colin Barnes y Mike Oliver el mérito de dotar de 'credibilidad académica' el modelo surgido del movimiento asociativo en T. SHAKESPEARE and N. WATSON "The social model of disability: an outdated ideology?", *Research in Social Science and Disability*, n. 2, 2002, pp. 9-28. Ver asimismo V. FINKELSTEIN, "Attitudes and disabled people", New York, World Rehabilitation Fund, 1980 y V. FINKELSTEIN, "To deny or not to deny disability", in BRECHIN, A. et al. (eds.), *Handicap in a Social World,* Sevenoaks, Hodder and Stoughton,1981; C. BARNES, *Disabled people in Britain and discrimination,* London, Hurst and Co., 1991 y M. OLIVER, cit.

164 A. BORSAY, "Personal Trouble or Public Issue?", cit., p. 119.

A propósito de las críticas al modelo social que toman como punto de referencia el papel que desempeña la condición personal en la caracterización de la discapacidad, Tom Shakespeare y Nicholas Watson se refieren a tres aspectos. En primer lugar, y a la inversa de las objeciones de Finkelstein, se ha considerado que al situar el foco casi exclusivamente en las estructuras sociales discapacitantes impide ver la diferencia entre la discriminación que viven las personas con discapacidad y la que viven otras personas, como las mujeres. Como consecuencia de esta reflexión, algunos teóricos y teóricas proponen recuperar el papel del 'impairment' en la definición de discapacidad, aunque consideran que el modelo social sigue manteniendo su utilidad. Se puede hablar de estas posiciones como modelo social intermedio o moderado[165]. Es necesario advertir de que cuando desde estas posiciones se propone revisar el foco de interés para incluir la dimensión individual, de ningún modo se trata de construir esta dimensión desde una perspectiva exclusivamente biológica y médica, sino, por el contrario, de mantener que no es posible tener una idea clara de qué significa la discapacidad y, por tanto, que no es posible revertir la opresión que sufren las personas con discapacidad, si no se analiza como una situación en la que la dimensión individual condiciona el modo en el que el sistema de opresión opera al tiempo que el sistema de opresión condiciona el modo en el que es entendida la misma condición individual.

Frente a estas posiciones que se mantienen en el modelo social, aunque revisado, autores como Shakespeare y Watson consideran que se trata de un paradigma superado ya que para los *Disability Studies* la desconsideración de la condición individual de las personas con discapacidad resulta tan problemática como lo fue para el feminismo prescindir de la referencia a las mujeres. Se alinean con ello con la crítica antes expuesta que arranca de los Feminist Disability Studies y en la desde la que se incide en que el 'impairment' es parte de la experiencia diaria de las personas con discapacidad y de que precisamente por ello debe ser tenido en cuenta tanto en la teoría social como en las estrategias políticas. De este modo, frente a la excesiva fragmentación de la discapacidad en el modelo médico y la homogenización en el modelo social, el objetivo de rescatar el peso de la dimensión individual es poner de manifiesto que distintos grupos de 'impairments' pueden tener implicaciones diferentes tanto desde el punto de vista individual como desde el punto de vista

---

[165] M.G. BERNARDINI, *Disabilità, giustizia, diritto. Itinerari tra filosofia del diritto e Disability Studies,* Giappichelli, Torino, 2016, pp. 50-63.

social[166]. Por otro lado, los autores rechazan el modelo social porque llevado a su extremo lleva a afirmar que el 'impairment' no es algo que deba evitarse o reducirse si es posible hacerlo. Conviene tener en cuenta que la reflexión no supone una valoración negativa de las personas con discapacidad o que sus vidas se consideren de menor valor, se trata de subrayar que el modelo social ha dejado de ser útil precisamente porque en sus discursos la condición personal está ausente.

Esta y las anteriores reflexiones sirven de argumento a los autores para proponer que ha llegado el momento de sustituir el modelo social por un nuevo paradigma que tenga en cuenta, entre otras ideas, que existe una línea de continuidad entre 'impairment' y discapacidad.

De este modo, la tesis que se mantiene en estas páginas y que ya se ha expresado con anterioridad, es que la vía más provechosa para una defensa de los derechos de las personas que incluya a todas, también a las personas con discapacidad intelectual es la que tiene en cuenta que existe una 'relación mutuamente constitutiva entre 'impairment' and 'disability''[167].Y esta consideración se proyecta sobre el planteamiento a propósito de como la accesibilidad y los ajustes han de configurarse jurídicamente.

En cualquier caso, la alianza entre el modelo social de la discapacidad y la teoría de los derechos ha resultado especialmente interesante con respecto a la consideración de la vulnerabilidad en su relación con los derechos humanos. Efectivamente, recordemos que frente a una situación en la que la referencia a grupos vulnerables implica que hay ciertos sujetos que comparten una debilidad personal que los aleja de la normalidad y que los hace acreedores de especial protección y cuidado –como ocurre con el tratamiento de la discapacidad desde el modelo médico–, la influencia del modelo social permite entender la vulnerabilidad como una situación de opresión, que en definitiva se relaciona con el ámbito de aplicación del Derecho antidiscriminatorio.

Precisamente la incorporación de este modelo al Derecho internacional de los derechos humanos a través de la CDPD implica también la incorporación de un modelo social de vulnerabilidad y con él de una concepción de los de-

---

166 T. SHAKESPEARE and N. WATSON, "The social model of disability: an outdated ideology?", cit.

167 M. CORKER and S. FRENCH, S., "Reclaiming discourse in disability studies", in M. CORKER and S. FRENCH (eds.), *Disability Discourse,* Buckingham, Open University Press, 1999, pp. 1-12, p. 6. Para las autoras además esta relación es tanto material como discursivamente (socialmente) producida.

rechos alternativa a la tradicional. Se ha insistido hasta aquí en que el modelo contemporáneo de derechos[168] adopta como punto de partida la común vulnerabilidad de todos los seres humanos, insistiendo en que es el modo en el que la sociedad está organizada el que hace que esta común vulnerabilidad se convierta en opresión y dominación sólo en el caso de aquellas personas a las que se considera dependientes o incapaces de autogobernarse. Aparecen aquí dos sentidos del concepto de vulnerabilidad cuando se incorpora a la reflexión sobre los derechos: la vulnerabilidad como condición universal de los seres humanos de carne y hueso, y la vulnerabilidad que resulta de la interacción entre las características de ciertos seres humanos y el modo en el que la sociedad se ha organizado.

Desde el nuevo modelo, los sistemas de derechos deben construirse tomando en cuenta a los seres humanos reales y no a entes abstractos, lo que supone partir de la vulnerabilidad como condición individual universal; y han de estar orientados a evitar la vulnerabilidad que es el resultado de la estructura social. La autonomía no puede ser el presupuesto para la atribución de los derechos, sino, en todo caso, el objetivo a perseguir; por su parte, la dependencia resulta relevante para los derechos cuando puede ser el contexto para que se produzcan situaciones de dominación arbitraria.

Ya ha sido citado el trabajo de Abberley, "The Concept of Oppression and the Development of a Social Theory of Disability", en el que el autor propone aplicar al ámbito de la discapacidad el concepto de opresión que había sido forjado en el contexto de las teorías sobre la 'desventaja racial y sexual'. Con ello, se está defendiendo que "en aspectos importantes, las personas con discapacidad pueden ser consideradas un grupo cuyos miembros están en una posición inferior a otros miembros de la sociedad porque son personas con discapacidad. Es también sostener que estas desventajas están dialécticamente relacionadas con una ideología o grupo de ideologías que justifican y perpetúan esta situación. Más allá de esto, es pretender que tales desventajas y sus ideologías de apoyo no son ni naturales ni inevitables. Finalmente, envuelve la identificación de algún beneficiario de tal estado de cosas"[169].

---

168 R. DE ASÍS ROIG, R., *Sobre discapacidad y derechos,* cit., pp. 36-60; G. QUINN, G. and A. ARSTEIN-KERSLAKE, "Restoring the 'human' in 'human rights': personhood and doctrinal innovation in the UN disability convention", in C. GEARTY, and C. DOUZINAS, *Human Rights Law,* Cambridge University Press, 2012, pp. 36-55.

169 P. ABBERLEY, "The Concept of Oppression and the Development of a Social Theory of Disability", Disability, Handicap and Society, cit., p. 7.

Como puede verse, desde esta perspectiva, que puede adscribirse al modelo social de la discapacidad, la diferencia entre lo normal y lo no-normal se convierte en una cuestión de poder. Este enfoque es interesante, ya se ha dicho, no sólo en la representación de la discapacidad, sino también en la reflexión sobre la vulnerabilidad, que pasa a vincularse con los problemas de discriminación estructural y, a partir de aquí, con la presencia de condiciones de opresión y dominación.

De este modo, un grupo vulnerable es el conformado por personas que en puntos importantes se encuentran en una posición de desventaja, precisamente debido a la cualidad que los identifica como miembros de ese grupo. Hasta aquí, el sentido no difiere del que se maneja en relación con el proceso de especificación[170], sin embargo, este nuevo paradigma implica asumir también que la posición de vulnerabilidad está ideológicamente justificada, de forma que la desventaja no tiene por qué ser natural ni inevitable; y, además, que 'alguien' obtiene beneficios de la situación de desventaja.

En este esquema, la discapacidad, como situación de vulnerabilidad, no guarda relación exclusiva con las características de las personas, sino que, por un lado, puede verse como resultado de la estructura social que genera dominación (obstáculos a la autonomía) y opresión (obstáculos a la autorrealización)[171] y, por otro, las características de las personas se conceptualizan a partir de esas mismas estructuras. La raza, el sexo y la discapacidad tienen en común, como situaciones de vulnerabilidad que en relación con ellos se han construido estereotipos que generan opresión.

4.1.2. La accesibilidad en la CDPD

Como ha sido señalado, la Convención introduce un enfoque que nos obliga a revisar el sentido de lo especial y lo vulnerable frente a lo normal. Se trata del modelo social de discapacidad, que se refleja en la definición de persona con discapacidad: la discapacidad como resultado de una interacción que se manifiesta en una exclusión. Desde el punto de vista de la accesibilidad, es importante volver a insistir en la idea de que es desde esta comprensión de la discapaci-

---

170 N. BOBBIO, "El tiempo de los derechos", en *El tiempo de los derechos,* trad. R. Asís Roig, Debate, Madrid, 1991, pp. 97-112, p. 109, y G. PECES-BARBA, R. DE ASÍS ROIG, C.R. FERNÁNDEZ LIESA Y A. LLAMAS CASCÓN, *Curso de Derechos Fundamentales,* cit., pp. 190-196.

171 I.M. YOUNG, *Justice and the Politics of Difference*, cit., pp. 39-65.

dad desde la que la normalidad es visible como una cuestión de poder, dado que es desde la situación de poder desde la que se define lo que se considera estándar y desde la que se diseña el entorno (entendido en un sentido amplio).

Cuando organizamos la sociedad sin considerar la diversidad de seres humanos, se generan barreras que impiden y dificultan la participación a quienes se alejan de lo que es considerado normal. Si se considera la discapacidad desde esta perspectiva, un ámbito de actuación para prevenir la discapacidad es la eliminación de las barreras, lo que se logra garantizando la accesibilidad[172]. Además, si se considera la discapacidad desde esta perspectiva, claramente la ausencia de accesibilidad constituye una vulneración de la igualdad (es así si se adopta como punto de partida el concepto de igualdad inclusiva) y resulta difícil entender por qué el concepto de discriminación que se ha articulado jurídicamente (incluso en la propia CDPD) no incluye la falta de accesibilidad.

A partir de la lectura del artículo 9 de la CDPD, puede entenderse que el objetivo es la vida independiente, que se recoge como derecho en el artículo 19, y la participación plena en todos los aspectos de la vida. Con este objetivo, la accesibilidad consiste en la implementación de medidas para asegurar el acceso de las personas con discapacidad en igualdad de condiciones. Por tanto, la accesibilidad opera en la dimensión social de la discapacidad y, de este modo, es la forma de prevenirla en coherencia con la Convención. En la medida en que la falta de accesibilidad genera exclusión, la falta de accesibilidad debe considerarse desde el punto de vista de la igualdad y no discriminación, sin embargo, sólo la denegación de los ajustes razonables se considera discriminatoria, y ni siquiera esta exigencia de la CDPD ha sido trasladada al concepto de discriminación de todos los Estados Parte. Efectivamente la Observación General nº 6 se refiere a igualdad y no discriminación, en ella, la accesibilidad se considera como condición previa y medio para 'lograr la igualdad de hecho para todas las personas con discapacidad' (párr. 40), sin embargo, en este documento que es el que, por otro lado, desarrolla el concepto de igualdad inclusiva, sólo los ajustes razonables se contemplan como "una parte intrínseca de la obligación, de cumplimiento inmediato, de no discriminar en el contexto de la discapacidad"[173].

---

[172] Este enfoque puede verse en los contenidos de la Convención, Artículo 3, Principios generales.

[173] Comité sobre los Derechos de las Personas con Discapacidad, Observación General nº 6 (2018) sobre la igualdad y la no discriminación, 2018, CRPD/C/GC/6, párr. 23 *https://tbinternet.ohchr.org/_layouts/15/treatybodyexternal/Download.aspx?symbolno=CRPD%2fC%2fGC%2f6&Lang=es* (último acceso 5-9-2022).

Lo anterior, a pesar de que a través de las distintas Observaciones Generales del Comité sobre los Derechos de las Personas con Discapacidad es posible constatar la importancia de la accesibilidad para la efectividad de los derechos. Por ejemplo, es así en la Observación General nº1, en relación con el derecho a igual reconocimiento como persona ante la ley, en la que el Comité muestra cómo el derecho a la accesibilidad garantiza que se detecten y eliminen los obstáculos para acceder a instalaciones o servicios abiertos u ofrecidos al público. En la medida en que esos obstáculos incluyen el reconocimiento de la capacidad jurídica, el derecho a la accesibilidad se solapa con el derecho a la capacidad jurídica y a veces depende de que se haga efectivo este. Los Estados deben examinar sus leyes y prácticas para velar por que se estén haciendo efectivos el derecho a la capacidad jurídica y el derecho a la accesibilidad[174].

En la Observación General nº 2 el Comité interpreta el alcance de las obligaciones de los Estados Parte derivadas de la accesibilidad[175], en ella, la accesibilidad se presenta como una condición para el ejercicio de los derechos reconocidos en el sistema universal de protección de los derechos humanos, en coherencia con las reivindicaciones 'tradicionales' del movimiento de la discapacidad.

El Comité propone fundamentar un derecho de acceso en los tratados fundamentales de derechos humanos en al artículo 25 c) del Pacto Internacional de Derechos Civiles y Políticos, que, se señala en la Observación General nº2, "consagra el derecho de todos los ciudadanos a tener acceso, en condiciones generales de igualdad, a las funciones públicas de su país". Asimismo cita la Convención Internacional sobre la Eliminación de todas las Formas de Discriminación Racial que "garantiza a todas las personas el derecho de acceso a todos los lugares y servicios destinados al uso público, tales como los medios de transporte, hoteles, restaurantes, cafés, espectáculos y parques (art. 5 f))", estableciendo, considera, "un precedente en el marco jurídico internacional de derechos humanos, en virtud del cual el derecho de acceso puede considerarse un derecho *per se*".

---

[174] Comité sobre los Derechos de las Personas con Discapacidad, Observación general nº 1, "Artículo 12: Igual reconocimiento como persona ante la ley",2014, CRPD/C/GC/1, párr. 37, disponible en *https://tbinternet.ohchr.org/_layouts/15/treatybodyexternal/Download.aspx?symbolno=CRPD%2fC%2fGC%2f1&Lang=es* (ultimo acceso 5-9-2022).

[175] Comité sobre los Derechos de las Personas con Discapacidad, Observación General nº 2, 2014, "Accesibilidad", CRPD/C/GC/2, disponible en *https://documents-dds-ny.un.org/doc/UNDOC/GEN/G14/033/16/PDF/G1403316.pdf?OpenElement* (último acceso 5-9-2022).

En la argumentación que se desarrolla en este documento, en la que también relaciona la accesibilidad con la Agenda de Desarrollo Sostenible, el Comité insiste en la vinculación de la accesibilidad con la igualdad y no discriminación. No puede ser de otra manara si la accesibilidad se considera un aspecto, el aspecto social, del derecho de acceso:

> "el Pacto Internacional de Derechos Civiles y Políticos y la Convención Internacional para la Eliminación de todas las Formas de Discriminación Racial establecen claramente el derecho de acceso como parte del derecho internacional de los derechos humanos. La accesibilidad debe considerarse una reafirmación, desde el punto de vista específico de la discapacidad, del aspecto social del derecho de acceso. La CDPD incluye la accesibilidad como uno de sus principios fundamentales, una condición previa esencial para que las personas con discapacidad disfruten de manera efectiva y en condiciones de igualdad de los derechos civiles, políticos, económicos, sociales y culturales. La accesibilidad debe considerarse no solo en el contexto de la igualdad y la no discriminación, sino también como un modo de invertir en la sociedad y como parte integrante de la agenda para el desarrollo sostenible"[176].

Sin embargo, como se ha subrayado, a pesar de esta caracterización, no se da el paso de considerar como una discriminación la falta de accesibilidad, que no es otra cosa que la privación de la posibilidad de inclusión y participación en la comunidad en condiciones de igualdad.

En cuanto a las obligaciones de los Estados, en la Observación General que se está comentando, el diseño universal de todos los nuevos 'bienes, productos, instalaciones, tecnologías y servicios" se presenta como la forma de garantizar el pleno acceso en pie de igualdad y sin trabas a todos los consumidores potenciales, incluidas las personas con discapacidad, de una manera que tenga plenamente en cuenta su dignidad y diversidad intrínsecas. Es importante, aunque no me voy a detener en el diseño universal, subrayar la importancia de tener en cuenta la diversidad dentro de la discapacidad lo que, a su vez, implica no desconsiderar la diversidad de condiciones individuales. Pero además, la diversidad de la discapacidad también se refiere al entorno, en este sentido recuerda, por ejemplo, el Comité la necesidad de tener en cuenta la accesibilidad tanto en zonas rurales como urbanas.

Por otro lado, las obligaciones de accesibilidad también se refieren a entornos ya construidos, en este caso, los Estados deben fijar plazos, asignar recursos e

---

[176] Comité sobre los Derechos de las Personas con Discapacidad, Observación General nº 2, párr. 4.

identificar deberes para las autoridades y entidades públicas y privadas, así como implementar mecanismos de supervisión efectivos de garantía y sanción. La Sentencia del Tribunal Supremo de 20 de marzo de 2019 como respuesta al recurso contencioso-administrativo interpuesto por el Comité Español de Representantes de Personas con Discapacidad (CERMI) ante la inactividad de España al respecto, declara "la obligación del Gobierno del Estado de elaborar, aprobar y promulgar la norma reglamentaria que regule las condiciones básicas de accesibilidad y no discriminación para el acceso y utilización de los bienes y servicios a disposición del público por las personas con discapacidad, ordenada en la Disposición final tercera, punto 2, del Real Decreto Legislativo 1/2013, de 29 de noviembre, por el que se aprueba el Texto Refundido de la Ley General de los derechos de las personas con discapacidad y su inclusión social", en esta norma se establecía un plazo de 2 años para el desarrollo reglamentario (el plazo venció en diciembre de 2015). En abril de 2019 se aprobó la Directiva (UE) 2019/882 del Parlamento Europeo y del Consejo de 17 de abril de 2019 de accesibilidad a productos y servicios, cuya fecha límite de transposición era el 28 de junio de 2022, y en relación con la cual la Comisión decidió el 22 de julio de 2022 enviar una carta de emplazamiento a España[177]. Sirvan los dos ejemplos para impulsar el incumpimiento.

El Comité realiza también un esfuerzo en diferenciar entre accesibilidad y ajustes razonables. A esta cuestión me referiré más adelante, puesto que la confusión entre ambos conceptos es un incumplimiento frecuente por parte de los Estados miembros.

La accesibilidad universal implica "asegurar el acceso de las personas con discapacidad, en igualdad de condiciones con las demás, al entorno físico, el transporte, la información y las comunicaciones, incluidos los sistemas y las tecnologías de la información y las comunicaciones, y a otros servicios e instalaciones abiertos al público o de uso público, tanto en zonas urbanas como rurales" (artículo 9 CDPD). La accesibilidad no afecta únicamente a las personas con discapacidad, sino que se proyecta sobre toda la sociedad e implica como punto de partida aceptar y valorar positivamente la diversidad (no sólo funcional, puede ser también sexual, cultural…) y como objetivo conseguir que las sociedades sean inclusivas.

Existen dos vías para conseguir la accesibilidad universal, ambas se mencionan en la Convención y no constituyen disyuntivas sino estrategias di-

---

177 Nota de prensa disponible en *https://ec.europa.eu/commission/presscorner/detail/en/INF_22_4559*, (último acceso 5-9-2022).

ferenciadas que corresponderá utilizar en función de la situación. Así, es posible, en la terminología del Comité sobre los Derechos de las Personas con Discapacidad –que tal vez no sea la más afortunada–, diferenciar entre la accesibilidad 'en relación con los grupos' y la accesibilidad 'en relación con los individuos'.

La accesibilidad 'en relación con los grupos' implica, a partir de la constatación de la diversidad, organizar el entorno (entendiendo entorno en sentido muy amplio) de modo que eliminen todas las barreras que puedan preverse. En este sentido, la accesibilidad genera obligaciones '*ex ante*' –"los Estados partes tienen la obligación de proporcionar accesibilidad antes de recibir una petición individual para entrar en un lugar o utilizar un servicio. Los Estados partes deben establecer normas de accesibilidad, que deben adoptarse en consulta con las organizaciones de personas con discapacidad y especificarse para los proveedores de servicios, los constructores y otros interesados pertinentes"[178]– y tiene de algún modo un carácter preventivo. Se trata de pensar que los espacios, bienes, servicios, procesos…van a ser utilizados por personas diversas y de garantizar la usabilidad de tales espacios, bienes, servicios y procesos para toda esa variedad de usuarios.

La accesibilidad genera obligaciones diferentes si se trata de 'productos' nuevos o si se trata de 'productos' que ya existen. Cuando el espacio, bien, servicio, producto… es nuevo, es adecuado el diseño universal, que implica que los bienes, espacios, servicios, procesos… sean utilizables por la mayor diversidad posible de personas sin necesidad de adaptación; pero la obligación de garantizar la accesibilidad en esta dimensión grupal subsiste a pesar de que en el origen no se haya diseñado para todos, y exige establecer objetivos y plazos para la eliminación de las barreras. A propósito de esta cuestión "los Estados partes deben prescribir claramente los deberes que las diferentes autoridades (incluidas las regionales y locales) y entidades (incluidas las privadas) deben cumplir para asegurar la accesibilidad. Los Estados partes deben prescribir también mecanismos de supervisión efectivos que garanticen la accesibilidad y vigilen la aplicación de sanciones contra quienes incumplan las normas de accesibilidad"[179].

---

[178] Comité sobre los Derechos de las Personas con Discapacidad, Observación General nº 2, cit., párr. 25.

[179] Comité sobre los Derechos de las Personas con Discapacidad, Observación General nº 2, cit., párr. 25.

Además, las obligaciones de accesibilidad, una vez determinadas (lo cual no implica que con carácter previo a su determinación se tenga que ponderar y que esta ponderación debería poder ser también objeto de control en la medida en que afecta a la igualdad, a veces a la igualdad en el ejercicio de derechos y que, por tanto, se genera en esta decisión un riesgo de discriminación por razón de discapacidad), no están condicionadas a un test de razonabilidad, y ello es igual tanto si se trata de un diseño nuevo, como de eliminar barreras en los casos en los que no se había diseñado para todas las personas:

> "La obligación de establecer la accesibilidad es incondicional, lo que significa que la entidad obligada a asegurarla no puede excusarse por no hacerlo aduciendo la carga que supone proporcionar acceso a las personas con discapacidad"[180].

Por lo que respecta al aspecto que el Comité denomina 'en relación con los individuos', la estrategia para la accesibilidad son los ajustes razonables:

> "En el caso de las personas con deficiencias raras que no se tuvieron en cuenta al elaborar las normas de accesibilidad o que no utilizan los modos, métodos o medios previstos para garantizar la accesibilidad (no leen Braille, por ejemplo), incluso la aplicación de las normas de accesibilidad puede ser insuficiente para garantizarles el acceso. En tales casos, pueden aplicarse ajustes razonables"[181].

Pero los ajustes razonables no son una estrategia adecuada como herramienta de carácter general. Por el contrario, operan cuando, una vez satisfechas las obligaciones de accesibilidad, el resultado sigue generando barreras para ciertas personas, y para eliminarlas se requieren medidas que no están incluidas en los estándares de accesibilidad. A diferencia de la accesibilidad, los ajustes operan una vez que una persona solicita el acceso a un espacio, bien, producto o proceso (el Comité señala que es una obligación *ex nunc)*. En este caso, quien tenga la obligación de realizar el ajuste puede excusarse si representa una *carga 'indebida'*, lo que se analizará una vez que se hayan considerado razonables, que para el Comité significa 'necesarios e idóneos'.

---

180 Comité sobre los Derechos de las Personas con Discapacidad, Observación General nº 2, cit., párr. 25.

181 Comité sobre los Derechos de las Personas con Discapacidad, Observación General nº 2, cit., párr. 26.

4.1.3. Sobre los ajustes y lo razonable en la argumentación judicial sobre discriminación

Conviene no olvidar que la denegación de los ajustes razonables constituye una discriminación por razón de discapacidad tal y como es definida en el artículo 2:

> "Por "discriminación por motivos de discapacidad" se entenderá cualquier distinción, exclusión o restricción por motivos de discapacidad que tenga el propósito o el efecto de obstaculizar o dejar sin efecto el reconocimiento, goce o ejercicio, en igualdad de condiciones, de todos los derechos humanos y libertades fundamentales en los ámbitos político, económico, social, cultural, civil o de otro tipo. Incluye todas las formas de discriminación, entre ellas, la denegación de ajustes razonables".

Conforme se ha apuntado, en el desarrollo los sistemas nacionales e internacionales de protección de los derechos se pone de manifiesto como la mera la prohibición de discriminación resulta insuficiente, de manera que en determinadas circunstancias la lucha contra la discriminación requiere del desarrollo de medidas que se consideran especiales o específicas[182], entre ellas se encuentran las denominadas acciones positivas (como las cuotas electorales), pero también, en algunos casos, los ajustes razonables en relación con minorías culturales o con las personas con discapacidad se incluyen en esta categoría. Esta es la situación en el marco del Derecho de la Unión Europea, donde los ajustes razonables se catalogan, como medidas especiales, junto con las acciones positivas. Conviene mantener precauciones frente a esta vinculación, porque, teniendo en cuenta la desconfianza hacia las acciones positivas en el desarrollo del Derecho de la Unión Europea[183], puede suponer una pérdida de legitimidad de los ajustes, y ello a pesar de que la Unión Europea es parte de la CDPD en la que, como se ha indicado, la denegación de ajustes constituye una discriminación. En la medida en que, en términos generales, el Derecho antidiscriminatorio en la Unión Europea se construye a partir del presupuesto de la neutralidad y de la desconfianza hacia los tratamientos diferenciados,

[182] Unión Europea y Consejo de Europa, Manual de legislación europea contra la discriminación, cit., p. 71.

[183] A propósito de las precauciones por parte del Tribunal de Justicia de la Unión Europea, ver M.C. BARRANCO AVILÉS, "Argumentación y derechos: una cuestión de límites", en F. J. ANSUÁTEGUI (Ed.), *Argumentación y constitucionalismo,* Tirant lo Blanch, Valencia, 2020, pp. 18-63, pp. 48-53.

plantear los ajustes desde la 'especialidad' incita a pensar que ante cada decisión de ajuste es necesario justificar un 'trato de favor' al colectivo destinatario. Sin embargo, si se tiene en cuenta el concepto de igualdad inclusiva, los ajustes, que también se relacionan con las otras facetas, aparecen claramente como instrumento de la dimensión transformativa, que a veces requiere cambios estructurales, y en otras ocasiones que la situación se trate a través de excepciones[184].

Para entender brevemente el contexto de la Unión, recordemos que, además de la prohibición de discriminación sobre la base de la nacionalidad entre personas nacionales de los Estados miembro, inicialmente la acción antidiscriminatoria se limitó al ámbito del empleo y la prohibición se extendía al sexo hasta las Directivas de 2000/78/EC (Directiva de Igualdad en el Empleo, que prohíbe la discriminación sobre la base de la orientación sexual, religión o creencia, edad y discapacidad; y Directiva de Igualdad Racial 2000/43/EC, referida al empleo, acceso al sistema de bienestar y seguridad social y acceso a bienes y servicios). La Directiva 2004/113/EC incorpora la prohibición de discriminación por razón de sexo a los bienes y servicios, y con posterioridad se aprobó la refundición de la Directiva 2006/54/EC relativa a la aplicación del principio de igualdad de oportunidades e igualdad de trato entre hombres y mujeres en asuntos de empleo y ocupación, que garantiza la igualdad de trato en relación con la seguridad social. Como se ve, la cláusula opera sólo en relación con ciertos grupos y en ámbitos acotados, lo que hace que su alcance sea ciertamente limitado. A lo anterior hay que añadir que el enfoque sigue siendo individualista. Además de este aspecto, y a propósito de la discriminación por razón de género, Sandra Fredman reflexiona sobre otros tres, que en parte fueron mencionados en el capítulo primero de este volumen, y que contribuyen a la insuficiencia de la protección en este contexto. Se trata de la limitación del concepto de igualdad a una norma de comparación que utiliza el parámetro del hombre (valdría decir, el del grupo en situación aventajada), de la subordinación de

[184] S. FREDMAN, *Discrimination Law,* cit., p. 218, presenta las diferencias religiosas como un ámbito en el que las excepciones pueden ser una herramienta adecuada. Señala la autora que la dicotomía entre 'excepcionalismo' y cambio estructural podría estar exagerada. Claramente hay situaciones, particularmente en el contexto de la discriminación de género, en las que se debe cambiar la norma. Sin embargo, en otras situaciones podría ser apropiado conservar la norma en su conjunto, pero con excepciones específicas para atender las diferencias religiosas. Por ejemplo, si los sijs no pueden usar un casco en una obra debido a su deber religioso de usar un turbante, la creación de una excepción es preferible al rechazo total de la regla".

la normativa anti-discriminatoria a la ordenación del mercado y a las tres características ya mencionadas del individualismo, la presunción de que el tratamiento diferenciado supone una ruptura del principio de igualdad que hay que justificar, y la neutralidad[185].

La fórmula para la decisión sobre la razonabilidad de los ajustes es, en todo caso, el juicio de proporcionalidad, y la técnica que se utiliza es la de la ponderación[186]. En este esquema, la ponderación exige valorar la legitimidad constitucional del fin perseguido por la limitación de derechos, la adecuación o idoneidad de la medida, la necesidad para conseguir el objetivo constitucional (en el caso de los ajustes, la adecuación y la necesidad están implicadas en la idea de 'razonables') y, finalmente, la proporcionalidad en sentido estricto. La proporcionalidad en sentido estricto está orientada a equilibrar la afectación al derecho limitado con la protección dispensada al bien jurídico en conflicto. En la medida en que para que el límite se justifique también el principio que se enfrenta al derecho debe ser constitucional, ninguno de los dos, ni el principio, ni el derecho, puede quedar definitivamente afectado.

Los ajustes razonables, a diferencia de las acciones positivas, no parecen estar condicionados a la temporalidad, pero también a diferencia de ellas, una vez que han sido incorporados como obligatorios, van a requerir de una mayor depuración en sede de aplicación.

Los problemas aparecen en relación con los ajustes razonables en discapacidad y en relación con minorías culturales, pero también pueden surgir en otros contextos. En este sentido, en el *Manual de legislación europea contra la discriminación* se cita el caso United Kingdom, Bristol Employment Tribunal, MacFarlane and another v. easyJet Airline Company[187] en relación con el cual el tribunal nacional consideró que había discriminación indirecta a dos tripulantes de cabina a las que se denegó su solicitud de adaptación del puesto para hacer compatible el trabajo con la lactancia; en este caso, el empleador no mostró evidencia suficiente de la adaptación implicaba dificultades excesivas.

---

185 S. FREDMAN, "European Community Discrimination Law: A Critique", cit.

186 Sobre la historia del principio de proporcionalidad en Europa, puede verse I. PERELLÓ DOMÉNECH, "El principio de proporcionalidad y la jurisprudencia constitucional", *Jueces para la democracia,* nº 28, 1997, pp. 69 y ss.

187 United Kingdom, Bristol Employment Tribunal, MacFarlane and another v. easyJet Airline Company, ET/1401496/15 and ET/3401933/15 29 Septiembre 2016.

El Tribunal Constitucional español ha incorporado la exigencia de ajustes razonables en varias decisiones. Así, en la Sentencia del Tribunal Constitucional 10/2014, de 27 de enero se resuelve un recurso de amparo contra las Sentencias, dictadas por el Tribunal Superior de Justicia de Castilla y León y un Juzgado de lo Contencioso-Administrativo de Palencia, confirmatorias de las resoluciones administrativas que acordaron la escolarización del hijo de la recurrente en un colegio público de educación especial. El Tribunal Constitucional sitúa la carga de la justificación sobre la parte que deniega los ajustes, pero considera justificación suficiente la alusión a la situación del niño, sin que se requiera que haya una referencia a la 'irrazonable' de los ajustes requeridos. En esta decisión se pone de manifiesto cómo los jueces, también los jueces constitucionales, en la medida en que forman parte de la sociedad, comparten los estereotipos discriminatorios. La decisión puede ser interpretada desde la pervivencia en la mentalidad del tribunal del esquema médico de la discapacidad, que se pone de manifiesto cuando se acepta como justificación de la 'irrazonablidad' de los ajustes requeridos una argumentación basada en la condición individual del niño y que aceptan los órganos jurisdiccionales cuyas decisiones se recurren: "necesita algo más, mucho más que ajustes razonables respecto a lo que precisan sus compañeros de edad similar; lamentablemente sufre un desfase muy importante desde la primera fase de la educación infantil en la que está, a la educación primaria que le corresponde por edad; y requiere no un aula normal, sino un aula especial muy poco poblada y con una organización de la misma muy pendiente del mismo, incluyendo un sistema de educación diferenciada"[188].

En esta decisión, el Tribunal Constitucional no diferencia entre 'razonabilidad' y carga indebida en la conceptualización de los ajustes. Por su parte el Ministerio Fiscal había señalado que la resolución de la comisión de escolarización "no es constitucionalmente admisible, pues no explica por qué los apoyos que requiere el menor no pueden ser prestados en el marco de las medidas de atención a la diversidad de los centros ordinarios".

En efecto, dicha resolución, como hemos visto, se limita a fundamentar la decisión de escolarización del menor en el centro de educación especial tan sólo en el nuevo informe psicopedagógico practicado al mismo, por lo que, en principio, parece que no ha explicado convenientemente por qué supone una

---

188 Sentencia del Tribunal Constitucional 10/2014, de 27 de enero de 2014 (BOE de 25 de febrero de 2014), Fundamento Jurídico 5.

carga desproporcionada para la Administración la escolarización del menor en un centro ordinario con los apoyos precisos ni por qué, en definitiva, se opta por lo excepcional frente a lo ordinario" (FJ. 5). Frente a esta opinión, el Tribunal considera que una vez que la Administración educativa determina que la escolarización en un centro especial se justifica en el interés del menor, "no es necesario proceder a una ponderación acerca de si los ajustes que precisa pueden ser o no prestados en un centro de educación ordinario, pues dicha decisión de escolarización lleva implícito, en atención a la grave discapacidad del alumno y a la atención individualizada que requiere, que sus singulares necesidades educativas estén mejor atendidas en un centro de educación especial más que en el marco de la educación general de los centros ordinarios".

Esta Sentencia del Tribunal Constitucional muestra un desconocimiento del significado de la educación inclusiva en la Convención y da por supuesto que la escolarización en un centro especial es más adecuada para el niño cuyo derecho se discute. De acuerdo con la Convención, parecería coherente que lo que requiriese justificación no fuera su escolarización en el centro especial, sino la segregación, esto es, que no pueda ser escolarizado en un centro ordinario. Esto es, por qué sus necesidades no pueden ser atendidas en un centro ordinario, tal y como plantea el Ministerio Fiscal. En definitiva, la Administración Educativa, los órganos judiciales ordinarios y el Tribunal Constitucional, consideran suficiente la presencia de la discapacidad para justificar un tratamiento diferenciado en cuanto a la trayectoria escolar, lo que en sí mismo constituye la definición de discriminación por razón de discapacidad.

Otro supuesto en el que el Tribunal Constitucional español se pronuncia sobre los ajustes razonables es la Sentencia 77/2014. En la decisión se considera vulnerado el derecho a la tutela judicial efectiva sin indefensión porque fue condenado en un juicio celebrado sin su presencia. El acusado, un hombre con discapacidad psicosocial fue emplazado personalmente sin garantías de que hubiera comprendido la notificación y las consecuencias de su ausencia. En estas situaciones, señala el Tribunal, los órganos judiciales tienen que asegurarse de que la incomparecencia es el resultado de una decisión voluntaria e informada. En el fundamento jurídico segundo puede leerse:

> "en los supuestos de posibilidad legal de celebración de un juicio oral por ausencia injustificada del acusado, la existencia de indicios de que dicho acusado pueda sufrir trastornos mentales que limiten su capacidad de comprensión y, por tanto, de la relevancia de las consecuencias legales de su incomparecencia, impone a los órganos judiciales un

> deber positivo de desarrollar la actividad necesaria para despejar cualquier duda al respecto”[189]

Y en el fundamento jurídico tercero el argumento se completa de la siguiente manera

> “la mera notificación personal al recurrente de la citación a juicio y de la advertencia de que podría celebrarse en su ausencia cumplía formalmente los mandatos de la ley, pero no era suficiente para despejar las dudas surgidas en la instrucción acerca de la discapacidad del recurrente y, por tanto, acerca de si la incomparecencia era resultado de una decisión plenamente voluntaria e informada y no necesitada del apoyo a que tienen derecho las personas discapacitadas”[190].

Y apoya esta conclusión en la CDPD que establece que la denegación de ajustes es una discriminación y que introduce la idea de los ajustes de procedimiento como una garantía del acceso a la justicia:

> “El artículo 2 de esta Convención prohíbe todas las formas de discriminación de estas personas, entre ellas «la denegación de ajustes razonables», entendiendo por estos «las modificaciones y adaptaciones necesarias y adecuadas que no impongan una carga desproporcionada o indebida, cuando se requieran en un caso particular, para garantizar a las personas con discapacidad el goce o ejercicio, en igualdad de condiciones con las demás, de todos los derechos humanos y libertades fundamentales». Respecto del derecho de acceso a la justicia, el artículo 13.1 de la Convención establece que «[l]os Estados Partes asegurarán que las personas con discapacidad tengan acceso a la justicia en igualdad de condiciones con las demás, incluso mediante ajustes de procedimiento y adecuados a la edad, para facilitar el desempeño de las funciones efectivas de esas personas como participantes directos e indirectos, incluida la declaración como testigos, en todos los procedimientos judiciales, con inclusión de la etapa de investigación y otras etapas preliminares»”.

Finalmente, el TC se pronuncia a favor de los derechos de las personas con discapacidad, pero, además de la terminología que utiliza, se refiere a los ajustes razonables donde debería hablarse de accesibilidad y no tiene en cuenta que los ajustes de procedimiento no son ajustes razonables, de manera que, se-

[189] STC 77/2014, de 22 de mayo de 2014 (BOE de 24 de junio de 2014), Fundamento jurídico 2.

[190] STC 77/2014, Fundamento jurídico 3.

gún el Comité sobre los Derechos de las Personas con Discapacidad, no están limitados por la desproporcionalidad.

Por su parte, la Sentencia del Tribunal Constitucional 3/2018 resuelve un recurso de amparo presentado contra Comunidad de Madrid y las salas de lo contencioso-administrativo del Tribunal Superior de Justicia de Madrid y del Tribunal. El recurrente es una persona a la que se le concede una prestación económica vinculada al servicio asistencial "especializado en la atención de personas con discapacidad intelectual", pero se le niega por razón de edad el acceso a esta misma residencia a través del Programa individual de atención.

En esta decisión, el Tribunal Constitucional realiza un repaso a su jurisprudencia previa, así como a la aplicación de los ajustes razonables para favorecer la igualdad de las personas con discapacidad en la jurisprudencia del Tribunal Europeo de Derechos Humanos (caso Glor[191]) y del Tribunal de Justicia de la Unión Europea. Además de que considera la exclusión de una persona con discapacidad intelectual de una residencia para personas con discapacidad por razón de edad, como el resultado de una discriminación múltiple por razón de edad y discapacidad. En su opinión, el límite por razón de edad que se aplica en el caso no tiene una justificación objetiva y razonable y resulta desproporcionado, con lo que constituye una vulneración del artículo 14, lo que es un motivo para considerar discriminatoria la previsión de la Orden 1263/1997 de 4 de junio de la Consejería de Sanidad y Asuntos Sociales de la Comunidad de Madrid, que establece el requisito de edad entre 18 y 60 años para acceder a una plaza en alguno de los centros para atender a personas con discapacidad psíquica –aun cuando existían normas de mayor rango o posteriores que podían haber sido aplicadas en su lugar y que se referían a aspectos relacionados

[191] Por primera vez el Tribunal Europeo de Derechos Humanos justifica una vulneración del derecho a la no discriminación del artículo 14 sobre la base de la discapacidad, por primera vez aplica la CDPD para interpretar el alcance del Convenio (hay que tener en cuenta que en este momento la Convención no estaba en vigor en Suiza). El Sr. Glor, había sido declarado no apto para el servicio militar, pero eso no le exoneraba de pagar una cantidad que correspondía a quienes no teniendo una discapacidad no cumplieran con este servicio. El Tribunal Europeo de Derechos Humanos, considera que se trata de un supuesto de discriminación porque "teniendo en cuenta el objetivo y los efectos del impuesto en cuestión, las razones objetivas para justificar la distinción hecha por las autoridades nacionales, en particular entre las personas declaradas no aptas para el servicio y exoneradas de pagar el impuesto y las declaradas no aptas para el servicio pero, sin embargo, obligados a pagarlo, no parecen razonables en relación con los principios que normalmente prevalecen en las sociedades democráticas", Glor v. Switzerland, Judgment 30-4-2009, pár. 97. Disponible en *https://hudoc.echr.coe.int/fre?i=001-92525*, último acceso 5 de septiembre de 2022".

con la exigencia de mantener la continuidad 'del tratamiento'. También existe discriminación por razón de discapacidad, dado que al no asegurarse de que la persona tuviera un servicio adecuado para las necesidades derivadas de su discapacidad, se ha incumplido la obligación de realizar ajustes razonables.

> "En este caso, la exigencia de «ajustes razonables» (Convención ONU 2006; Ley general de derechos de las personas con discapacidad y su inclusión social, de 2013, así como la jurisprudencia ya citada) pasaba justamente por asegurar la prestación del servicio asistencial adaptado a sus necesidades de discapacidad; reconociendo la Administración en el requerimiento efectuado por este Tribunal, que dispone de centros para ello"[192].

Finalmente, el Tribunal Constitucional considera vulnerado el derecho a la igualdad y no discriminación de la persona recurrente en la Sentencia 51/2021[193]. El acto que se impugna es una resolución de la secretaría de Estado de Justicia que impone una sanción disciplinaria a una persona con discapacidad en una situación en la que no se habían adoptado ajustes razonables. En la decisión se resume la doctrina constitucional sobre discriminación por razón de discapacidad y se establecen los términos en los que la denegación de ajustes puede dar lugar a discriminación. El Tribunal atribuye 'especial relevancia exegética' a la CDPD, en aplicación del artículo 10.2 e incorpora el concepto de discriminación presente en su artículo 5. En el texto de esta decisión se señala que "el derecho a no ser discriminado por razón de discapacidad que consagra el artículo 14 CE comprende el derecho a los ajustes razonables, que no impongan una carga desproporcionada o indebida, que son necesarios para garantizar el derecho de las personas con discapacidad a trabajar en igualdad de condiciones con las demás. El incumplimiento de la obligación por parte del empleador de adoptar los ajustes razonables priva de legitimidad la adopción de medidas como el despido o la adopción de medidas disciplinarias motivadas en posibles insuficiencias en el desempeño de sus funciones por incurrir en discriminación. Aunque tales medidas puedan estar fundadas, en principio, en razones objetivas y aparentemente neutras relacionadas con dicho desempeño, incurren en discriminación si no se ha garantizado antes la observancia del principio de igualdad de trato de las personas discapacitadas mediante los debidos ajustes" (párr. 4). En el caso en cuestión, se consideró

[192] Tribunal Constitucional, 3/2018, de 22 de enero de 2018 (BOE de 21 de febrero de 2008), Fundamento jurídico 6.

[193] Sentencia 51/2021, de 15 de marzo de 2021 (BOE de 23 de abril de 2021).

discriminatorio el despido a una persona con discapacidad en una situación en la que no se habían adoptado los ajustes requeridos.

Asimismo, resulta de interés que la empleadora es una administración, por lo que se aplica la doctrina sobre la distribución de la carga de la prueba desarrollada en otras decisiones, de manera que una vez aportados los indicios racionales de discriminación, se desplaza sobre la parte empleadora la carga de justificar que la actuación no fue discriminatoria.

Como se desprende de lo señalado, se considera discriminatorio el despido en estas circunstancias, pero no la denegación de ajustes en sí misma. De este modo, y a pesar de que la CDPD es clara en relación con que la denegación de ajustes constituye una discriminación, todavía la aplicación que se hace en los Estados resulta reticente a ampliar en este sentido el concepto de discriminación.

4.2. EL DERECHO DE ACCESO A LA JUSTICIA DE LAS PERSONAS CON DISCAPACIDAD

En el presente apartado se desarrolla el contenido del derecho de acceso a la justicia de las personas con discapacidad. Frente al reconocimiento que efectúa la CDPD en su artículo 13, las personas con discapacidad enfrentan barreras que imposibilitan o dificultan su acceso a la justicia en condiciones de igualdad con las demás personas. En el capítulo se presentarán estas barreras, así como los principales elementos a tener en cuenta para la garantía del derecho, en coherencia con las Observaciones del Comité sobre los Derechos de las Personas con Discapacidad y con los Principios y Directrices Internacionales sobre el Acceso a la Justicia para las Personas con Discapacidad. En este marco, una condición fundamental es el reconocimiento de la capacidad procesal de las personas con discapacidad y el establecimiento de los apoyos necesarios para que esta pueda ejercitarse; asimismo, la accesibilidad, los ajustes de procedimiento, la efectividad de las garantías sustanciales y procesales y la participación en la administración de justicia forman parte del contenido del derecho de acceso a la justicia.

Desde un concepto de igualdad inclusiva es difícil justificar que las carencias en estos aspectos no constituyan discriminaciones y que, en coherencia con lo anterior, no se incluyan en el ámbito de aplicación de la prohibición de discriminación. En la medida en que el acceso a la justicia constituye la garantía última de todos los derechos, una discriminación implica que las personas que la sufren están discriminadas en relación con el ejercicio de todos sus derechos. Para entender la importancia del tema que se aborda, en el siguiente apartado se reflexionará sobre el papel del acceso a la justicia en los sistemas de protección.

4.2.1. El acceso a la justicia como derecho

El acceso a la justicia desempeña un papel fundamental en los sistemas de protección de los derechos. En primer lugar, porque se trata de un derecho en sí mismo, con un amplio reconocimiento en los tratados internacionales de derechos humanos; además, porque de su garantía depende la de los restantes derechos; finalmente, es importante subrayar que el derecho de acceso a la justicia constituye también un elemento fundamental del Estado de Derecho, en la medida en que permite hacer efectivo el sometimiento del Poder a Derecho.

Comenzando por este último aspecto, la relación entre el Estado de Derecho y la garantía del acceso a la justicia para todas las personas, incluidas las que forman parte de 'grupos vulnerables' y con mención especial a las mujeres, es reconocida institucionalmente en el marco de Naciones Unidas en la Declaración de la reunión de alto nivel de la Asamblea General sobre el Estado de Derecho en los planos nacional e internacional, aprobada por Resolución de 24 de septiembre de 2012[194]. En la medida en que el Estado de Derecho y el acceso a la justicia para todas las personas son condiciones para el desarrollo, aparecen expresamente contemplados como la meta 16.3, que para dar cumplimiento al objetivo de Paz, Justicia e Instituciones Sólidas se propone "promover el estado de derecho en los planos nacional e internacional y garantizar la igualdad en el acceso a la justicia para todas las personas".

Además de que la garantía del acceso a la justicia para todas las personas es una condición para el Estado de Derecho, de ella depende que la persona titular pueda hacer efectivos el resto de sus derechos. Precisamente, y aunque no es la única forma de cumplir con la obligación de proteger que se deriva de

[194] Asamblea General ONU, "Declaración sobre la reunión de alto nivel de la Asamblea General sobre el Estado de Derecho en los planos nacional e internacional", Resolución aprobada el 24 septiembre 2012 A/RES/67/1, párrafos 14, 15 y 6, disponible en *https://undocs.org/es/A/RES/67/1*, último acceso 5-5-2022.

los Pactos Internacionales de Derechos Humanos[195], la disposición de recursos judiciales y otros recursos efectivos es de gran importancia. Este es el sentido del derecho proclamado en el artículo 8 de la Declaración Internacional de Derechos Humanos (DUDH), conforme al cual, "toda persona tiene derecho a un recurso efectivo ante los tribunales nacionales competentes, que la ampare contra actos que violen sus derechos fundamentales reconocidos por la constitución o por la ley") y del compromiso asumido por los Estados a través del artículo 2.3 del Pacto Internacional de Derechos Civiles y Políticos (PIDCP)

> Cada uno de los Estados Partes en el presente Pacto se compromete a garantizar que:
>
> a) Toda persona cuyos derechos o libertades reconocidos en el presente Pacto hayan sido violados podrá interponer un recurso efectivo, aun cuando tal violación hubiera sido cometida por personas que actuaban en ejercicio de sus funciones oficiales;
>
> b) La autoridad competente, judicial, administrativa o legislativa, o cualquiera otra autoridad competente prevista por el sistema legal del Estado, decidirá sobre los derechos de toda persona que interponga tal recurso, y desarrollará las posibilidades de recurso judicial;
>
> c) Las autoridades competentes cumplirán toda decisión en que se haya estimado procedente el recurso.

Con carácter específico, el artículo 9.4 PDCP asocia el recurso ante los tribunales al contenido del derecho a la libertad y a la seguridad personales.

Si nos fijamos en el acceso a la justicia como derecho autónomo, podemos apreciar que tiene un carácter multidimensional[196]. Su aparición con esta denominación en los tratados internacionales y en los Derechos nacionales sólo se ha producido de forma relativamente reciente[197]. Por ejemplo, en 1998, se incorpora el acceso a la justicia en el Convenio sobre el acceso a la informa-

---

[195] Comité de Derechos Humanos, Observación General nº 31, cit., párr. 15; Comité de Derechos Económicos Sociales y Culturales, Observación General nº3, cit., párr. 5.

[196] M.J. AÑÓN ROIG, "El derecho de acceso como garantía de justicia: perspectiva y alcance", en C. GARCÍA PASCUAL, C., *Acceso a la justicia y garantía de los derechos en tiempo de crisis: de los procedimientos tradicionales a los mecanismos alternativos,* Tirant lo Blanch, Valencia, 2018, pp. 19-76, p. 20.

[197] Agencia de los Derechos Fundamentales de la Unión Europea, *Access to justice in Europe: an overview of challenges and opportunities*, Luxembourg, European Union Agency of Fundamental Rights, 2010, p. 14, disponible en *https://fra.europa.eu/en/publication/2011/access-justice-europe-overview-challenges-and-opportunities* (último acceso 5-9-2022). J. GERARDS and R. GLAS, "Access to justice in the European Convention on Human Rights system", *Netherlands Quaterly of Human Rights,* 2017, 35/11, pp. 11-30, p. 11.

ción, la participación del público en la toma de decisiones y el acceso a la justicia en materia de medio ambiente, gestado en el marco de la Comisión Económica para Europa de Naciones Unidas (CEPE) y aprobado en Aarhus. Este Convenio se refiere a uno de los aspectos que genera dificultades en relación con la garantía del acceso a la justicia, que es el de la protección de 'intereses difusos'[198] y que no será objeto de atención en estas páginas por las características de la obra en las que se inserta. No obstante, es importante tener en cuenta que el Comité sobre los Derechos de las Personas con Discapacidad considera que las medidas de protección contra la discriminación de personas "que no pueden defenderse contra la discriminación, aunque reciban apoyo, o cuyas opciones se vean muy limitadas por temor a las consecuencias negativas de sus esfuerzos por defenderse" son de interés público y ello supone que deberían ser susceptibles de acción popular[199].

No obstante lo anterior, como se ha señalado, al menos parte de su contenido ya se encontraba en distintos preceptos de los instrumentos internacionales que reconocen el derecho a un recurso efectivo y a la tutela judicial. Este es el caso de los mencionados artículos 8 DUDG, 2.3 y 9.4 PDCP, pero también del artículo 14 PDCP. Por su parte, el Convenio Europeo de Derechos Humanos reconoce el derecho a un recurso efectivo en el artículo 13 y el derecho un proceso equitativo en el artículo 6; y la Convención Americana sobre Derechos Humanos (CADH) se refiere al derecho a la protección judicial en el artículo 25 y al derecho a las garantías judiciales en el ámbito penal en el artículo 8.

Progresivamente, la preocupación por el acceso a la justicia se ha ido abriendo paso como la preocupación por el acceso verdaderamente efectivo. Este cambio de perspectiva surge a partir de la superación de una concepción meramente liberal e individualista de los derechos desde la que se muestra evidente "la confrontación entre las expectativas que surgen de la ley –teóricamente aplicable por igual a toda la ciudadanía, que puede recurrir a los tribunales de justicia para hacer valer sus derechos– y las dificultades que se desprenden de las condiciones reales de acceso a los tribunales y de la supuesta defensa de esos derechos"[200].

---

198 M. CAPPELLETTI y B. GARTH, *El acceso a la justicia. La tendencia en el movimiento mundial para hacer efectivos los derechos humanos,* trad. M. Miranda, México D.F., Fondo de cultura Económica, 1996, p. 20.

199 Comité sobre los Derechos de las Personas con Discapacidad Observación General nº6, cit., párr. 53.

200 H. BIRGIN y N. GHERARDI (coords.) (2011), *La garantía del acceso a la justicia: aportes empíricos y conceptuales,* México D.F., Fontamara, 2011, p. xi.

En un trabajo ya clásico, Cappeletti y Garth muestran cómo la transformación en la idea del acceso a la justicia se produce en sintonía con la construcción del Estado social e implica reconocer

> que las técnicas procesales tienen funciones sociales, que los tribunales no son el único medio que debe tomarse en consideración para la resolución de disputas y que cada regla procesal, incluso la creación o promoción de alternativas diferentes del sistema de los tribunales formales, tiene un pronunciado efecto sobre la manera en que opera la ley sustantiva: ¿con qué frecuencia se le aplica, para beneficio de quién y con qué impacto social?[201]

En tales coordenadas, para los autores citados, el acceso a la justicia implica que el sistema debe ser igualmente accesible para todas las personas y que debe dar resultados individual y socialmente justos. La justicia de la decisión depende en buena medida del contenido del Derecho y del contexto en que debe aplicarse[202], la igual accesibilidad depende de que se eliminen las barreras que puedan existir y es el aspecto al que se va a hacer referencia aquí en mayor medida. Un primer paso para la garantía efectiva del derecho de acceso a la justicia es, pues, identificar las barreras que puedan impedir o dificultar su ejercicio por parte de algunas personas.

La respuesta de los Poderes Judiciales Iberoamericanos ante las especiales dificultades para acceder a la justicia de algunos grupos se plasmó en las Reglas de Brasilia sobre Acceso a la Justicia de las Personas en Situación de Vulnerabilidad, aprobadas en la XIV Cumbre Judicial Iberoamericana (2008) y actualizadas en la XIX edición de esta Cumbre en 2018. En la versión actualizada de las reglas se encuentra una definición de quiénes son personas en situación de vulnerabilidad con respecto al acceso a la justicia que puede ser de interés para entender el contenido del derecho:

> Una persona o grupo de personas se encuentran en condición de vulnerabilidad, cuando su capacidad para prevenir, resistir o sobreponerse a un impacto que les sitúe en situación de riesgo, no está desarrollada

---

201 M. CAPPELLETTI y B. GARTH, Bryant, *El acceso a la justicia. La tendencia en el movimiento mundial para hacer efectivos los derechos humanos,* cit, p. 13.

202 Flynn y Lawson indican que esta segunda dimensión "se ocupa de la sustancia o el contenido de las normas jurídicas y principios que dan forma a las decisiones tomadas a favor o en contra de quienes buscan un remedio u una solución de controversias", E. FLYNN, and A. LAWSON, "Disability and Accesss to Justice in the European Union: Implications of the United Nations Convention on the Rights of Persons with Disabilities", *European Yearbook of Disability Law,* N°4, 2013, pp. 7-44, p. 13.

> o se encuentra limitada por circunstancias diversas, para ejercitar con plenitud ante el sistema de justicia los derechos reconocidos por el ordenamiento jurídico[203].

Precisamente, en el sistema internacional de protección de los derechos humanos ha sido la acción de los organismos de los tratados, a la vista de las dificultades encontradas por los distintos grupos en situación de vulnerabilidad, la que ha dado impulso a la determinación del contenido del derecho de acceso a la justicia, que sí fue expresamente incluido en el artículo 13 de la Convención Internacional sobre los Derechos de las Personas con Discapacidad[204].

En este sentido, la Recomendación General 33 del Comité de la Convención para la Eliminación de todas las formas de Discriminación contra la Mujer[205] desarrolla el contenido de las obligaciones de los Estados para asegurar el acceso efectivo de las mujeres a la justicia a la vista de las barreras detectadas, e identifica como componentes del acceso a la justicia seis componentes: justiciabilidad (que presupone la existencia del recurso, pero también la capacidad del titular del derecho de acceso a la justicia), disponibilidad, accesibilidad, buena calidad, suministro de recursos y rendición de cuentas. Podemos entender que estos componentes se orientan a garantizar que la justicia sea igualmente accesible para todas las personas, sin embargo, la justicia de los resultados está condicionada al menos por tres aspectos adicionales a los que

---

203 XIX CUMBRE JUDICIAL IBEROAMERICANA, *Reglas de Brasilia sobre Acceso a la Justicia de las Personas en Situación de Vulnerabilidad*, 2018, Regla 3, disponible en *https://eurosocial.eu/wp-content/uploads/2020/02/Reglas-brasilia_web.pdf* (último acceso 5-9-2022).

204 También reconoce expresamente el derecho de acceso a la justicia el artículo 31 de la Convención Interamericana sobre la Protección de los Derechos Humanos de las Personas Mayores (2015), con el siguiente contenido:

> La persona mayor tiene derecho a ser oída, con las debidas garantías y dentro de un plazo razonable, por un juez o tribunal competente, independiente e imparcial, establecido con anterioridad por la ley, en la sustanciación de cualquier acusación penal formulada contra ella, o para la determinación de sus derechos y obligaciones de orden civil, laboral, fiscal o de cualquier otro carácter.
>
> Los Estados Parte se comprometen a asegurar que la persona mayor tenga acceso efectivo a la justicia en igualdad de condiciones con las demás, incluso mediante la adopción de ajustes de procedimiento en todos los procesos judiciales y administrativos en cualquiera de sus etapas.
>
> Los Estados Parte se comprometen a garantizar la debida diligencia y el tratamiento preferencial a la persona mayor para la tramitación, resolución y ejecución de las decisiones en procesos administrativos y judiciales.
>
> La actuación judicial deberá ser particularmente expedita en casos en que se encuentre en riesgo la salud o la vida de la persona mayor.

205 Recomendación General Nº 33 sobre el acceso de las mujeres a la justicia, 2015, CEDAW/C/GC/33, disponible en *https://www.acnur.org/fileadmin/Documentos/BDL/2016/10710.pdf* (último acceso 5-9-2022).

la recomendación se refiere y que trascienden la organización del sistema de justicia: la eliminación de las leyes, procedimientos y prácticas discriminatorias; la formación para combatir los estereotipos y prejuicios asociados a cierta personas (como las mujeres o las personas con discapacidad) que son compartidos por las y los operadores jurídicos y condicionan el resultado del recurso; la educación y la concienciación a la sociedad en general.

La CDPD reconoce expresamente y como tal el derecho de acceso a la justicia de las personas con discapacidad en su artículo 13, con el siguiente contenido:

> 1. Los Estados Partes asegurarán que las personas con discapacidad tengan acceso a la justicia en igualdad de condiciones con las demás, incluso mediante ajustes de procedimiento y adecuados a la edad, para facilitar el desempeño de las funciones efectivas de esas personas como participantes directos e indirectos, incluida la declaración como testigos, en todos los procedimientos judiciales, con inclusión de la etapa de investigación y otras etapas preliminares.
> 2. A fin de asegurar que las personas con discapacidad tengan acceso efectivo a la justicia, los Estados Partes promoverán la capacitación adecuada de los que trabajan en la administración de justicia, incluido el personal policial y penitenciario.

Para entender el alcance de este derecho, es importante considerar las Observaciones del Comité, así como los Principios y Directrices Internacionales sobre el Acceso a la Justicia para las Personas con Discapacidad (2020) de la Relatora Especial sobre los Derechos de las Personas con Discapacidad, el Comité sobre los Derechos de las Personas con Discapacidad y la Enviada Especial del Secretario General de Naciones Unidas sobre Discapacidad y Accesibilidad. En lo que sigue, se presentarán las principales barreras que, de acuerdo con estos instrumentos, obstaculizan el acceso a la justicia por parte de las personas con discapacidad, así como los elementos clave que es preciso considerar para una adecuada garantía de este derecho humano, imprescindible para que las personas con discapacidad puedan hacer valer el resto.

4.2.2. Barreras en el acceso a la justicia

En la medida en que el derecho de acceso a la justicia se entiende como acceso efectivo, la justiciabilidad, la disponibilidad, la accesibilidad, la calidad, el acceso a los recursos y la rendición de cuentas deben garantizarse de modo tal que se eliminen las barreras que puedan suponer un obstáculo para las personas con discapacidad.

Hay un documento de gran interés en la esfera de la protección de los derechos de las personas con discapacidad que son los ya aludidos Principios y Directrices Internacionales sobre el Acceso a la Justicia para las Personas con Discapacidad (2020) de la Relatora Especial sobre los Derechos de las Personas con Discapacidad, el Comité sobre los Derechos de las Personas con Discapacidad y la Enviada Especial del Secretario General de Naciones Unidas sobre Discapacidad y Accesibilidad. Este documento ha sido refrendado por la Comisión Internacional de juristas, la Alianza internacional de la Discapacidad y el Programa de las Naciones Unidas para el Desarrollo.

Resulta de utilidad, para tener una imagen previa, destacar los obstáculos a los que se enfrentan las personas con discapacidad que el documento quiere afrontar:

> Entre estos obstáculos figuran las restricciones al ejercicio de la capacidad jurídica; las dificultades de accesibilidad física a las instalaciones de administración de justicia, como los tribunales y las comisarías de policía; la falta de transporte accesible hacia y desde estas instalaciones; los obstáculos para acceder a la asistencia y representación jurídicas; la no disponibilidad de información en formatos accesibles; las actitudes paternalistas o negativas que cuestionan la capacidad de las personas con discapacidad para participar en todas las fases de la administración de justicia; y la falta de formación de los profesionales que trabajan en la esfera de la justicia. En el sistema de justicia, a menudo se considera que las personas con discapacidad no son dignas o no pueden beneficiarse de las garantías procesales que se ofrecen a todos los demás ciudadanos, o incluso que éstas pueden resultarles perjudiciales. Hasta derechos fundamentales, como el derecho a guardar silencio y la presunción de inocencia, pueden denegarse ya sea de forma directa, en la legislación o las políticas, o indirecta, en la costumbre y la práctica. Esto acarrea enormes riesgos de consecuencias negativas como confesiones falsas, veredictos erróneos o situaciones de privación ilícita de libertad[206].

---

[206] Relatora Especial sobre los Derechos de las Personas con Discapacidad, Comité sobre los Derechos de las Personas con Discapacidad y Enviada Especial del Secretario General de Naciones Unidas sobre Discapacidad y Accesibilidad *Principios y Directrices Internacionales sobre el Acceso a la Justicia para las Personas con Discapacidad*, 2020, pp. 6 y 7, disponible en *https://www.un.org/development/desa/disabilities/wp-content/uploads/sites/15/2020/10/Access-to-Justice-SP.pdf*, (último acceso 5-9-2022).

A partir del texto transcrito, es posible identificar algunas barreras que tienen que ver con el funcionamiento de la justicia y otras, específicamente la falta de reconocimiento de capacidad procesal, que suponen un obstáculo incluso a la justiciabilidad, al impedir que las personas con discapacidad puedan ejercer la acción.

A propósito de las barreras que tienen que ver con el funcionamiento de la justicia, en términos generales, Cappeletti y Garth[207] identifican el costo del litigio y las diferencias de poder entre las partes litigantes como barreras susceptibles de dejar el acceso a la justicia sin contenido para algunas personas. Las personas con discapacidad se encuentran entre quienes en mayor medida se ven perjudicadas por tales barreras, quedando para ellas en entredicho la accesibilidad, la disponibilidad y la calidad de los procesos.

Efectivamente, el acceso a la justicia se hace difícil para las personas con discapacidad porque los procesos son costosos. En la medida en que las personas con discapacidad encuentran barreras para el acceso a los recursos económicos, también su nivel de renta es en términos generales menor que el de las personas sin discapacidad, lo que hace que tengan mayores dificultades para asumir los costes derivados del proceso[208], algunos de los cuáles, como los que tienen que ver con la asistencia jurídica, pueden ser particularmente elevados para ellas. Además, los procesos pueden ser largos, lo que implica que los costes se incrementen, pero también que, en el cálculo de oportunidad, la demora en obtener una compensación sea un argumento en contra de iniciar un proceso. Especialmente, los costes resultan disuasorios cuando se plantean procesos en relación con cuestiones de menor cuantía. Cuando el problema del coste de la asistencia jurídica puede resolverse, aparece una barrera adicional que tiene que ver con las dificultades para que esa asistencia tenga formación en materia de derechos de las personas con discapacidad.

El Comité para la Eliminación de Todas las Formas de Discriminación contra la Mujer entiende, como se ha apuntado, que la accesibilidad es uno de los elementos del acceso a la justicia y que esta requiere "que los sistemas de justicia, tanto oficiales, como cuasi judiciales, sean seguros, se puedan costear y resulten físicamente accesibles a las mujeres, y sean adaptados y apropiados

---

207 M. CAPPELLETTI y B. GARTH, *El acceso a la justicia. La tendencia en el movimiento mundial para hacer efectivos los derechos humanos*, cit.

208 E. FLYNN and A. LAWSON, "Disability and Access to Justice in the European Union: Implications of the United Nations Convention on the Rights of Persons with Disabilities", cit., p. 10 y 11.

a las necesidades de las mujeres, incluidas las que hacen frente a formas interseccionales o compuestas de discriminación"[209]. Si se traslada esta exigencia a las personas con discapacidad, podemos ver como la accesibilidad, en su caso, se ve afectada, conforme se ha visto, por el coste y por la falta de formación de la abogacía, pero también porque existen barreras físicas, sensoriales y cognitivas a las que hay que sumar las barreras actitudinales, derivadas de los prejuicios y estereotipos sobre las personas con discapacidad presentes en las sociedades, que comparten las y los operadores jurídicos y que afectan de modo diferente a las mujeres con discapacidad, provocando actitudes de desconfianza, hostiles o paternalistas. En numerosas ocasiones, los mismos prejuicios y estereotipos impiden que las garantías penales y procesales (como la presunción de inocencia, el derecho a guardar silencio o la asistencia jurídica) se hagan efectivas para las personas con discapacidad.

Por otro lado, las personas con discapacidad enfrentan barreras que contribuyen a debilitar su posición en el proceso. En primer lugar, porque impiden la disponibilidad, que "exige el establecimiento de tribunales y otros órganos cuasi judiciales o de otro tipo en todo el Estado parte, tanto en zonas urbanas como rurales y remotas, y su mantenimiento y financiación"[210]. Si la justicia no está disponible en condiciones de igualdad para todas las personas, en la medida en que, por ejemplo, las instituciones para las que hay mayores dotaciones de recursos se ubican en las ciudades, los problemas para la movilidad de las personas con discapacidad –derivados, entre otros, de la inaccesibilidad en los medios de transporte– hacen que resulten más lejanas todavía para las personas con discapacidad que habitan en otros lugares o que incluso en muchos casos no viven en comunidad.

En situaciones de riesgo y emergencias humanitarias, tales como conflicto armado, ocupación de territorios o desastres naturales, la disponibilidad en relación con el acceso a servicios de recuperación o rehabilitación y con el acceso a la justicia suele ser escasa para las personas con discapacidad, y si se trata de mujeres, además de que "están más expuestas a la violencia sexual", también tienen menos probabilidades de acceder a estos servicios[211].

---

209 Recomendación General nº 33, cit., párra. 14.

210 Recomendación General nº 33, cit., párr. 14.

211 Comité sobre los Derechos de las Personas con Discapacidad, Observación General nº3, "Mujeres y niñas con discapacidad", 2016, CRPD/C/GC/3, párr. 49, disponible en «*https://tbinternet.ohchr.org/_layouts/15/treatybodyexternal/Download.aspx?symbolno=CRPD/C/GC/3&Lang=en*» (último acceso 5-9-2022).

Tampoco es posible afirmar que las personas con discapacidad tengan acceso a una justicia de calidad que, parafraseando al Comité para la Eliminación de Todas las Formas de Discriminación contra la Mujer, requiere que los componentes del sistema "se ajusten a las normas internacionales sobre competencia, eficiencia, independencia e imparcialidad", pero también que "provean, de manera oportuna, recursos apropiados y efectivos que se ejecuten y den lugar a una resolución sostenible de la controversia que tengan en cuenta las cuestiones" de discapacidad. Asimismo, es preciso que los sistemas de justicia sean flexibles y sensibles a las cuestiones de discapacidad y tengan en cuenta las demandas de justicia de las personas con discapacidad[212].

Para las personas con discapacidad, el estándar internacional marcado por la CDPD todavía está lejos de cumplirse en muchos de los Estados Parte. Entre otras razones, ello se debe a los estereotipos que pesan sobre las personas con discapacidad, sobre todo con discapacidad intelectual y psicosocial, que conducen a restar credibilidad a sus testimonios[213], pero también a la falta de formación de los y las profesionales del Derecho, que impide que la discapacidad sea identificada y que se suma a veces a las rigideces de los procesos, dificultando la implementación de los ajustes de procedimiento requeridos para que las personas con discapacidad disfruten de una justicia de calidad. Efectivamente, el proceso no se ha diseñado pensando en las personas con discapacidad en los distintos roles (testigos, demandantes, demandados, víctimas…); por el contrario, las pautas están estandarizadas y la tendencia a economizar tiempo redunda en perjuicio de la atención y la inclusión de la diversidad. Al respecto, una cuestión a la que conviene prestar atención es a la digitalización de la justicia y al impacto que puede tener sobre las personas con discapacidad, en la medida en que en relación con ellas la brecha digital es mayor por razones que tienen que ver con su situación económica, con las dificultades para acceder a la educación y con la necesidad de garantizar la accesibilidad física, sensorial y cognitiva de las herramientas que se habiliten. Asimismo, cuando la digitalización implica la posibilidad de que algunas de las fases del proceso se realice a distancia, es necesario prevenir los riesgos para la inmediatez que puedan generar las anteriores barreras y que pueden impactar negativamente en la posibilidad de intervención de las personas con discapacidad en los distintos roles, a la intervención de las personas con discapacidad en las

---

212 Recomendación General nº 33, cit., párr. 14.

213 Comité sobre los Derechos de las Personas con Discapacidad, Observación General nº 1, cit., párr. 39.

actuaciones que guarden relación con sus derechos (por ejemplo, relativos a la capacidad o a la decisión sobre beneficios penitenciarios).

Tampoco las entidades que representan a las personas con discapacidad tienen, con carácter general, legitimidad o legitimidad suficiente en los procesos, y otras entidades, como las organizaciones sindicales o de consumidores, que pueden tener la posibilidad de intervenir en algunos contextos, no tienen incorporada suficientemente la perspectiva de la discapacidad. El resultado es que es sencillo que todo el procedimiento se desenvuelva desconsiderando la perspectiva de los derechos de las personas con discapacidad.

Conviene llamar la atención sobre el hecho de que la calidad de los sistemas de justicia es todavía peor en el caso de las mujeres con discapacidad, como también lo es para los niños y niñas con discapacidad. El Comité sobre los Derechos de las Personas con Discapacidad en la Observación General 3 (2016) sobre mujeres y niñas con discapacidad se refiere en diversos momentos a las barreras que específicamente enfrentan las mujeres y, en concreto, insiste en las que dificultan su acceso a la justicia cuando son víctimas de explotación, violencia y abuso. Menciona el Comité los estereotipos, la discriminación y la falta de ajustes razonables y procedimentales como cuestiones que afectan a la calidad del proceso en la medida en que pueden tener como consecuencia que se dude de la credibilidad del testimonio de las mujeres y se desestimen sus acusaciones. Asimismo, y en la medida en que, se ha dicho, en los procesos no se tiene en cuenta la diversidad, las víctimas pueden resultar intimidadas e incluso ser disuadidas de seguir adelante con su búsqueda de la justicia. Menciona también el Comité la complejidad de los procedimientos de información y cómo pueden ser degradantes para las mujeres con discapacidad, por ejemplo, porque se deriva a las víctimas a los servicios sociales, en lugar de proporcionarles recursos jurídicos o, en ocasiones, por "la actitud displicente de la policía u otras fuerzas del orden"[214].

En estas condiciones, tampoco los sistemas de acceso a la justicia ofrecen a las personas con discapacidad 'una protección viable y una reparación significativa de cualquier daño que puedan haber sufrido' –es decir, no está protegido su acceso a los recursos–, ni se rinde cuentas suficientemente sobre la co-

---

[214] Comité sobre los Derechos de las Personas con Discapacidad, Observación General Nº3 "Mujeres y niñas con discapacidad", 2016, CRPD/C/GC/3, párr. 52, disponible en *https://tbinternet.ohchr.org/_layouts/15/treatybodyexternal/Download.aspx?symbolno=CRPD/C/GC/3&Lang=en* (último acceso 5-9-2022).

herencia de la respuesta del sistema con las exigencias del acceso a la justicia de las personas con discapacidad, que serían también componentes esenciales del derecho[215]. Para que la rendición de cuentas fuera realidad, los Estados deberían garantizar "que toda la información pertinente esté disponible y sea accesible, que se lleve un registro adecuado de todas las reclamaciones, las causas y las órdenes judiciales y que se informe al respecto"[216].

Pero de todas las barreras que dificultan o impiden el acceso a la justicia de las personas con discapacidad, conviene prestar especial atención a cómo opera la denegación de capacidad, en la medida en que, conforme ha sido apuntado, se trata de un condicionante que afecta incluso a la justiciabilidad. La privación de capacidad impide el acceso a la justicia, tanto si es *de iure* como si se produce *de facto*. Frecuentemente las personas con discapacidad son infantilizadas (con o sin decisión formal sobre su capacidad jurídica), lo que limita su independencia y hace perder credibilidad de su testimonio, pero, además, a veces se les niega formalmente su capacidad para ejercer por sí mismas el derecho de acceso a la justicia lo que necesariamente implica impedir su acceso a los remedios jurídicos. El resultado es que existen muchas posibilidades de que las vulneraciones de derechos queden impunes y las víctimas no hallen una adecuada reparación. Tal y como señala el Comité sobre los Derechos de las Personas con Discapacidad en su Observación General 1, relativa al igual reconocimiento como persona ante la ley, la limitación de la capacidad jurídica de las personas con discapacidad impide que puedan ejercer su derecho de acceso a la justicia, asimismo, señala el Comité, "con frecuencia se ha excluido a las personas con discapacidad del desempeño de funciones esenciales en el sistema de justicia, en calidad de abogados, jueces, testigos o miembros de un jurado"[217].

Las barreras que tienen que ver con la capacidad, una vez más, pueden operar de forma diferente cuando se trata de mujeres y niños y niñas con discapacidad víctimas de violencia, explotación o abuso, en primer lugar, porque las personas que pueden ejercer la acción en su nombre pueden ser quienes han vulnerado sus derechos, pero también, como una cuestión de hecho, por-

---

215 Comité para la Eliminación de Todas las Formas de Discriminación contra la Mujer, Recomendación General 33, cit., párr. 14.

216 Comité sobre los Derechos de las Personas con Discapacidad, Observación General nº6 "Igualdad y no discriminación", cit., párr. 54.

217 Comité sobre los Derechos de las Personas con Discapacidad, Observación General nº1 "Igual reconocimiento como persona ante la ley", cit., 2014.

que "es posible que las mujeres con discapacidad también teman denunciar los casos de violencia, explotación o abuso porque les preocupa que puedan perder el apoyo necesario de los cuidadores"[218]. Además, los testimonios de las mujeres con discapacidad intelectual o psicosocial son frecuentemente desestimados en procedimientos judiciales a causa de la capacidad jurídica, denegando así el derecho cuando son víctimas de violencia[219].

El estatuto migratorio se convierte en una barrera adicional para las personas con discapacidad refugiadas, migrantes y solicitantes de asilo, especialmente para las mujeres que están expuestas a la violencia y a las que además a veces se niega el derecho a acceder a los sistemas de salud y de justicia precisamente "debido a su situación en relación con la ciudadanía"[220].

La falta de eficacia de otros derechos, como el derecho a la educación[221], también se convierte en una barrera para el acceso a la justicia de las personas con discapacidad, que a veces no identifican las vulneraciones o desconocen los recursos jurídicos o las vías para acceder a los recursos económicos que les permitan hacer valer sus derechos[222].

El artículo 13 de la CDPD establece las obligaciones orientadas a eliminar estas barreras que los Estados Parte deben satisfacer. A continuación, se abordará el análisis de los distintos aspectos con los que estas obligaciones, que aparecen concretadas en los *Principios y directrices internacionales sobre el acceso a la justicia de para las personas con discapacidad*, se relacionan.

4.2.3. Capacidad procesal

Todavía hoy, las personas con discapacidad, y en mayor medida las personas con discapacidad intelectual y psicosocial, se ven sometidas a discriminaciones que, en términos generales, obedecen a la falta de aceptación del modelo

---

218 Comité sobre los Derechos de las Personas con Discapacidad, Observación General nº6 "Mujeres y niñas con discapacidad, cit., párr. 52.

219 Comité sobre los Derechos de las Personas con Discapacidad, Observación General nº6 "Mujeres y niñas con discapacidad, cit., párr. 17.

220 Comité sobre los Derechos de las Personas con Discapacidad, Observación General nº6 "Mujeres y niñas con discapacidad, cit., *párr.* 49.

221 S. ORTOLEVA, "Inaccessible Justice: Human Rights, Persons with Disabilities and the Legal System", *ILSA Journal of International And Comparative Law,* 17/2, 2010, pp. 281-320, p. 286).

222 E. FLYNN and A. LAWSON, "Disability and Access to Justice in the European Union: Implications of the United Nations Convention on the Rights of Persons with Disabilities", p. 10.

social como adecuado en relación con ellas y, en consecuencia, a la inadecuada o inexistente implementación del artículo 12 de la Convención que, conforme se vio en el Capítulo 3 establece el derecho de las personas con discapacidad al igual reconocimiento como persona ante la ley, lo que se traduce, entre otras cuestiones, en la obligación de los Estados de reconocerles capacidad jurídica en igualdad de condiciones con las demás personas en todos los aspectos de la vida, de proporcionarles acceso al apoyo que pueda ser requerido para el ejercicio de esta capacidad y de establecer las salvaguardias adecuadas para impedir abusos.

Es urgente, desde este punto de vista, la revisión de las normas sobre la modificación de la capacidad jurídica de las personas con discapacidad intelectual para la adecuada protección de sus derechos humanos.

La vulneración del artículo 12 implica, para las personas con discapacidad, que también se les priva de la posibilidad de defenderse en Derecho, por cuanto el acceso a la justicia se condiciona a la capacidad procesal. Al respecto, el Comité sobre los Derechos de las Personas con Discapacidad, en su Observación General sobre el artículo 12 subraya que "para que las personas con discapacidad puedan exigir el cumplimiento de sus derechos y obligaciones en igualdad de condiciones con las demás, debe reconocérseles la personalidad jurídica con la misma capacidad ante las cortes de justicia y los tribunales"[223]. Las dificultades de las personas con discapacidad para desempeñar los distintos roles dentro del sistema de justicia también se relacionan con su consideración como personas 'incapaces'.

Para la efectividad del derecho, no sólo se requiere eliminar las trabas formales, además el Comité considera necesario impartir formación a 'los agentes de policía, los trabajadores sociales y otras personas que intervienen en las respuestas iniciales' y a la judicatura para reconocer la personalidad jurídica de las personas con discapacidad, respetar su capacidad jurídica y su legitimidad para actuar y dar crédito a sus denuncias y declaraciones[224].

Asimismo, es un requisito fundamental que se provean los apoyos en el ejercicio de la capacidad en la intervención de las personas con discapacidad en las actuaciones jurídicas (ya sean judiciales, administrativas o de otro tipo, como puede ser la intervención en actos notariales). Apoyos que, según el Comité, pueden ser de distinto tipo:

---

[223] Comité sobre los Derechos de las Personas con Discapacidad, Observación General nº1 "Igual reconocimiento como persona ante la ley", cit., párr. 38.

[224] Comité sobre los Derechos de las Personas con Discapacidad, Observación General nº1 "Igual reconocimiento como persona ante la ley", cit., párr. 39.

> como el reconocimiento de distintos métodos de comunicación, la autorización de los testimonios por vídeo en determinadas situaciones, la realización de ajustes procesales, la prestación de servicios de interpretación profesional en lengua de señas y otros métodos de asistencia. También se debe impartir capacitación a los jueces y sensibilizarlos sobre su obligación de respetar la capacidad jurídica de las personas con discapacidad, con inclusión de su capacidad legal y de su legitimación para actuar.

En coherencia con la importancia del reconocimiento de la capacidad para una adecuada garantía del acceso a la justicia, El Principio Internacional 1 establece que "todas las personas con discapacidad tienen capacidad jurídica y, por lo tanto, a nadie se le denegará el acceso a la justicia por motivos de discapacidad"[225] y para conseguir este objetivo, los Estados deben garantizar la capacidad jurídica de las personas con discapacidad en igualdad de condiciones y proveer el apoyo y los ajustes necesarios para ejercerla. Para ello, han de revisar la normativa que limita la capacidad procesal de las personas con discapacidad, incluidas las que admiten la sustitución y las que hacen referencia a expresiones como «estar en su sano » juicio como condición para el acceso a la justicia; esta revisión se extiende a las normas que impiden a las personas con discapacidad intervenir en los procedimientos sobre la base de juicios sobre su capacidad, como los relativos a la «aptitud para ser juzgadas» o a ser «incapaz para defenderse», y a las que condicionan la decisión sobre la capacidad de intervenir de una persona a su valoración con criterios exclusivamente médicos. Asimismo, los Estados deben garantizar el derecho a recibir los ajustes de procedimiento necesarios y determinados individualmente; proporcionar facilitadores, si fuera necesario para garantizar una participación 'segura, justa y efectiva'; garantizar la posibilidad de que las personas con discapacidad soliciten el restablecimiento de su capacidad y tengan acceso a asistencia jurídica a tal fin; establecer mecanismos alternativos y, de modo muy importante, derogar las normas, políticas, directrices y prácticas que sometan a las personas acusadas con discapacidad a privación de libertad por tiempo indefinido sobre la base de su peligrosidad o de la necesidad de cuidados.

En definitiva, para que los Estados satisfagan su obligación de asegurar que las personas con discapacidad tengan acceso a la justicia en igualdad de

---

[225] Relatora Especial sobre los Derechos de las Personas con Discapacidad, Comité sobre los Derechos de las Personas con Discapacidad y Enviada Especial del Secretario General de Naciones Unidas sobre Discapacidad y Accesibilidad *Principios y Directrices Internacionales sobre el Acceso a la Justicia para las Personas con Discapacidad*, cit.

condiciones con las demás personas (art. 13 CDPD) resulta imprescindible la adecuación de los sistemas de capacidad al art. 12 CDPD, basado en los apoyos en la toma de decisiones y las salvaguardas y no en la sustitución. Asimismo, esta modificación tiene que verse reflejada en las reglas sobre capacidad procesal, punto en el que los apoyos se hacen especialmente importantes.

4.2.4. Accesibilidad

Para entender el modo en el que en la CDPD operan los conceptos de accesibilidad universal y ajustes razonables, es preciso tener muy en cuenta el significado de la idea de normalidad en el modelo social, tal y como ha sido caracterizada con anterioridad en este capítulo. Efectivamente, en el apartado anterior se puso de manifiesto se pone de manifiesto que la 'normalidad' es una cuestión de poder y que, en buena medida, el modo en el que una característica individual influye en la capacidad de funcionar de las personas, tiene que ver con el entorno, con lo que la discapacidad es el resultado de la interacción de ambas. En este marco, la accesibilidad se refiere a la necesidad de que los entornos se construyan, se organicen y funcionen teniendo en cuenta a la diversidad de personas y, tal y como se ha visto, es un requisito para la igualdad y no discriminación de las personas con discapacidad. También se ha planteado que existen dos vías para conseguir la accesibilidad universal, ambas se mencionan en la CDPD y no constituyen disyuntivas, sino estrategias diferenciadas que corresponderá utilizar en función de la situación. Así, es posible, en la terminología del Comité sobre los Derechos de las Personas con Discapacidad, diferenciar entre la accesibilidad 'en relación con los grupos' y la accesibilidad 'en relación con los individuos'.

Con carácter general, la accesibilidad exige que los procesos en los que se sustancia el acceso a la justicia, se diseñen de modo que permitan la participación de las personas con discapacidad. Al respecto, el Comité señala a modo de ejemplo algunas medidas que deben implementarse: transmisión de información de manera comprensible y accesible, el reconocimiento de distintas formas de comunicación y adaptación a su uso, accesibilidad física en todas las etapas del proceso y apoyo financiero en caso de asistencia letrada "si procede, y con sujeción a los requisitos reglamentarios en cuanto a medios de vida y justificación de esa ayuda"[226].

---

[226] Comité sobre los Derechos de las Personas con Discapacidad, Observación General nº6 "Igualdad y no discriminación", cit., párr. 52.

La accesibilidad como garantía de la igualdad de acceso a la justicia sin discriminación constituye el Principio Internacional 2, y el Principio Internacional 6 se refiere específicamente al derecho de las personas con discapacidad a la asistencia jurídica gratuita o a un precio asequible[227]. Los Estados deben establecer las reformas normativas que garanticen la accesibilidad en las instalaciones y servicios, asimismo, deben garantizar que los medios de transporte utilizados en el sistema judicial sean accesibles, y asegurar los recursos financieros suficientes para garantizar la accesibilidad física. Cuando las instalaciones o servicios no garanticen el acceso de las personas con discapacidad al entorno físico, el transporte, la información y las comunicaciones existentes, deben garantizarse los ajustes de procedimiento requeridos para que no se perjudique la efectividad del acceso a la justicia. En la medida en que el coste puede ser una barrera, los Estados también tienen la obligación de proporcionarán asistencia jurídica competente y en el momento oportuno. Esta asistencia debe ser gratuita o a un precio asequible para los niños y las niñas con discapacidad en todos los casos, y para todas las demás personas con discapacidad cuando estén en juego sus derechos humanos[228].

4.2.5. Ajustes de procedimiento

Conforme a lo que se ha señalado, las rigideces del proceso, en términos generales concebido sin tener en cuenta la diversidad de las personas, generan barreras para las personas con discapacidad. Para evitar estas barreras, el artículo 13 CDPD establece que los Estados deben realizar "ajustes de procedimiento y adecuados a la edad, para facilitar el desempeño de las funciones efectivas de esas personas como participantes directos e indirectos". Los ajustes de procedimiento se presentan, así, como medidas de flexibilización orientadas a eliminar las barreras que puedan encontrar las personas con discapacidad, para permitir su participación y conseguir que los procesos sean transparentes[229]. Así entendidos, pueden considerarse como parte del conte-

---

227 Nótese que en este documento sí se establece esa relación entre falta de accesibilidad y discriminación de las personas con discapacidad.

228 Relatora Especial sobre los Derechos de las Personas con Discapacidad, Comité sobre los Derechos de las Personas con Discapacidad y Enviada Especial del Secretario General de Naciones Unidas sobre Discapacidad y Accesibilidad *Principios y Directrices Internacionales sobre el Acceso a la Justicia para las Personas con Discapacidad*, cit., 6.1.

229 Comité sobre los Derechos de las Personas con Discapacidad, Observación General nº6 "Igualdad y no discriminación", cit., párr. 51.

nido del derecho de acceso a la justicia, pero, además, desde un concepto de igualdad inclusiva, e igual que ocurre con la accesibilidad, guardan relación con la dimensión de ajustes, que se ha señalado, introduce la obligación de transformar las estructuras para incluir la diversidad[230].

El concepto es distinto del de accesibilidad y del de ajustes razonables; frente a los segundos, no están condicionados a que sean proporcionales en el sentido de que su implementación no depende de que 'no impongan una carga desproporcionada o indebida al garante de los derechos'[231], sin embargo, y a diferencia de las medidas de accesibilidad, en algunas ocasiones la decisión sobre los ajustes disponibles podrá estar prevista como posibilidad con carácter universal (*ex ante*) y en otras ocasiones deberá llevarse a cabo teniendo en cuenta las barreras que la persona concreta pueda encontrar ante su intervención en un proceso desempeñando un rol específico (*ex nunc*). Los ajustes deben implementarse teniendo en cuenta la diversidad dentro de la discapacidad[232], por lo que lo adecuado es que se decidan antes del inicio del proceso. Pueden incluir medidas tales como la utilización de personas intermediarias (facilitadoras), ciertas modificaciones en los procedimientos (como la adopción de medidas de grabación del testimonio que impidan que la persona tenga que ser interrogada reiteradamente), adaptaciones del entorno (como espacios amigables que puedan resultar menos intimidatorios) o apoyo a la comunicación[233].

El derecho de las personas con discapacidad, incluidos los niños y niñas, a ajustes de procedimiento adecuados, es el principio internacional 3, entre cuyas directrices se concede una gran importancia a la figura de intermediación o facilitación independiente, cuya función es prestar asistencia en materia de comunicación a las partes y al sistema de justicia para determinar si se necesitan apoyos y ajustes y cuáles son los adecuados.

---

230 Desde estas dos perspectivas se presentan en R. DE ASÍS ROIG, "Los ajustes de procedimiento en el discurso de los derechos", *Anales de Derecho y Discapacidad*, nº especial, julio 2022, pp. 15-22.

231 Comité sobre los Derechos de las Personas con Discapacidad, Observación General nº6 "Igualdad y no discriminación", cit., párr. 25.

232 Una herramienta de gran interés que se ha generado en España es la Guía elaborada por PLENA INCLUSIÓN ESPAÑA, *Acceso a la justicia: ajustes de procedimiento para personas con discapacidad intelectual y del desarrollo*, 2018, disponible en *https://www.plenainclusion.org/sites/default/files/acceso_a_la_justicia_web.pdf* (último acceso 5-9-2022).

233 Relatora Especial sobre los Derechos de las Personas con Discapacidad, Comité sobre los Derechos de las Personas con Discapacidad y Enviada Especial del Secretario General de Naciones Unidas sobre Discapacidad y Accesibilidad *Principios y Directrices Internacionales sobre el Acceso a la Justicia para las Personas con Discapacidad*, cit., 3.1.

A propósito de los ajustes y modificaciones de los procedimientos, se insiste en que el objetivo es garantizar el trato justo y la plena participación de las personas con discapacidad, incluidos niños y niñas, y señala algunos ejemplos como la adaptación del lugar, espacio de esperas adecuados, eliminación de elementos intimidatorios como togas o pelucas, ajustes del ritmo…, o permitir que las personas con discapacidad estén acompañadas por alguien de su confianza.

También es necesario que se dispongan de las medidas de apoyo a la comunicación que puedan requerirse para hacer posible la intervención de las personas con discapacidad en todos los roles.

En los Principios y Directrices Internacionales se tiene muy en cuenta la importancia de los ajustes de procedimiento para las personas acusadas de delitos, presas y detenidas.

En el escenario postpandemia de intensificación de la justicia digital, es necesario desplegar medidas adecuadas para que no se haga todavía más difícil identificar la discapacidad, implementar apoyos a la comunicación y a la comprensión y otros apoyos que puedan requerirse. Resulta fundamental, también en este marco, la adecuación de los tiempos.

4.2.6. Garantías sustanciales y procesales

La efectividad del acceso a la justicia para las personas con discapacidad se ve condicionada, como se ha visto, por los estereotipos, a veces incluso presentes en la normativa, que hacen que se hagan excepciones a las salvaguardias sustantivas y de procedimiento que están previstas en el Derecho internacional de los derechos humanos y en el Derecho interno los Estados miembros con carácter general. Frente a esta situación, el Principio 5 se refiere al derecho de las personas con discapacidad a todas las salvaguardias en igualdad de condiciones con las demás y a la obligación de los Estados de realizar los ajustes necesarios para garantizar el debido proceso. Ello supone que los Estados deben garantizar la igualdad en la aplicación de las salvaguardas que se contienen, entre otros, en los artículos 9.4 y 14 del Pacto de Derechos Civiles y Políticos, 8 de la Convención Americana de Derechos Humanos o 6 del Convenio Europeo de Derechos Humanos.

Las normas que prevén excepciones en las garantías (por ejemplo, las que tienen que ver con el internamiento involuntario por razón de discapacidad o en determinados supuestos con las personas con discapacidad psicosocial en los procesos penales) deben ser revisadas; además, se deben adoptar las medidas necesarias para proporcionar información sobre los derechos que sea accesible y comprensible, evitar las discriminaciones por razón de discapacidad, y abolir el uso de la fuerza por motivos de discapacidad (también en términos generales admitida por en el Derecho interno en caso de personas con discapacidad psicosocial), recurriendo a medidas alternativas como la prestación de apoyo[234].

Los ajustes de procedimiento resultan esenciales para que las garantías procesales sean efectivas en el caso de las personas con discapacidad, como también resulta imprescindible asegurar la disponibilidad de los ajustes y apoyos para que el derecho de las personas con discapacidad a decidir cómo defenderse sea una realidad.

Asimismo, los Principios y Directrices Internacionales recuerdan que los Estados tienen la obligación de velar porque los servicios de atención sanitaria y apoyo psicosocial no se condicionen, para las personas con discapacidad que los soliciten, a la aceptación de cargos, confesión o condena[235].

4.2.7. Participación en la administración de justicia

El derecho de las personas con discapacidad a participar en la administración de justicia constituye el contenido del Principio Internacional 7 (ONU, 2020), y tiene una dimensión individual y una dimensión colectiva.

Desde el punto de vista individual, no se puede afirmar la eficacia del derecho de acceso a la justicia en condiciones de igualdad con las demás personas, si subsisten las trabas formales o materiales que impiden que las personas con discapacidad puedan desempeñar funciones directas en la administración de justicia. La realización de esta exigencia requiere revisar las normas y prácticas que establecen restricciones, así como la previsión de los ajustes razonables y de procedimiento que sean necesarios.

---

[234] Relatora Especial sobre los Derechos de las Personas con Discapacidad, Comité sobre los Derechos de las Personas con Discapacidad y Enviada Especial del Secretario General de Naciones Unidas sobre Discapacidad y Accesibilidad *Principios y Directrices Internacionales sobre el Acceso a la Justicia para las Personas con Discapacidad*, cit., 5.2. c).

[235] Relatora Especial sobre los Derechos de las Personas con Discapacidad, Comité sobre los Derechos de las Personas con Discapacidad y Enviada Especial del Secretario General de Naciones Unidas sobre Discapacidad y Accesibilidad *Principios y Directrices Internacionales sobre el Acceso a la Justicia para las Personas con Discapacidad*, cit., 5.2. g).

En el caso del desempeño de profesiones jurídicas, los organismos competentes para decidir sobre el acceso (en ocasiones consejos judiciales o consejos de colegios profesionales, por ejemplo) han de realizar los ajustes razonables necesarios en los programas formativos y en los procesos de selección y promoción, impedir la discriminación por razón de discapacidad y garantizar la accesibilidad de las instalaciones.

En su dimensión colectiva, las personas con discapacidad y las organizaciones que las representan han de tener la posibilidad de participar en la adopción de decisiones sobre cuestiones relacionadas con la justicia, a través de su intervención en los distintos organismos relevantes como "juntas, comités, comisiones, consejos de sentencias y órganos de orientación y vigilancia"[236].

Constituye una Directriz internacional la recogida de datos sobre la participación de las personas con discapacidad en el sistema de justicia, que permitan elaborar estrategias de reforma orientadas a conseguir la igualdad[237].

4.2.8. Formación y toma de conciencia

Una parte importante de las barreras que impiden a las personas con discapacidad ejercer su derecho de acceso a la justicia en condiciones de igualdad con las demás personas, tiene que ver con estereotipos que permean el sistema de justicia y con lagunas de formación sobre la discapacidad y los derechos humanos de las personas con discapacidad en los itinerarios de las y los operadores jurídicos[238], de ahí que resulte perentorio que se proporcionen "programas de sensibilización y formación sobre los derechos de las personas con

[236] Relatora Especial sobre los Derechos de las Personas con Discapacidad, Comité sobre los Derechos de las Personas con Discapacidad y Enviada Especial del Secretario General de Naciones Unidas sobre Discapacidad y Accesibilidad *Principios y Directrices Internacionales sobre el Acceso a la Justicia para las Personas con Discapacidad*, cit., 7.2. d).

[237] Relatora Especial sobre los Derechos de las Personas con Discapacidad, Comité sobre los Derechos de las Personas con Discapacidad y Enviada Especial del Secretario General de Naciones Unidas sobre Discapacidad y Accesibilidad *Principios y Directrices Internacionales sobre el Acceso a la Justicia para las Personas con Discapacidad*, cit., 7.2. e).

[238] Sobre esta cuestión en Europa, pueden verse las conclusiones de los Seminarios sobre las lagunas en la formación de operadores jurídicos llevados a cabo en el marco del Proyecto Just for All, financiado por el EU Justice Programme 2014-2020, disponible en *https://78dde82f-f3fc-4414-a854-627948964997.filesusr.com/ugd/e65341_9eae26c268104f7795349562f8a5c6aa.pdf* (útimo acceso 5-9-2022).

discapacidad, particularmente en relación con su acceso a la justicia, a todos los trabajadores del sistema de justicia"[239].

A propósito de la capacitación como una condición para la efectividad del acceso a la justicia de las personas con discapacidad se pronuncia el Comité sobre los Derechos de las Personas con Discapacidad al hilo de la Observación General sobre Igualdad y no Discriminación, en la que considera que la capacitación debe incluir las complejidades de la interseccionalidad, la diversidad de las personas con discapacidad y de qué modo esta diversidad debe tenerse en cuenta para garantizar el acceso a la justicia en condiciones de igualdad, la autonomía individual de las personas con discapacidad y el reconocimiento de su capacidad jurídica y la importancia de que la comunicación sea eficaz y auténtica, y debe abarcar "a todo el personal, lo que incluye a abogados, magistrados, jueces, funcionarios de prisiones, intérpretes de lengua de señas e integrantes del sistema policial y penitenciario"[240]. Los Principios y Directrices Internacionales, que contienen una enumeración de los temas mínimos a cubrir, extienden esta necesidad de formación a profesionales de la salud, expertos forenses, profesionales de servicios a víctimas y trabajadores sociales.

Para que la formación sea una realidad, los Estados deben generar las normativas necesarias para convertirla en obligatoria, proporcionar formación continuada y dar cabida en el diseño y la supervisión de la formación a las personas con discapacidad y a las asociaciones que las representan.

En la medida en que el acceso a la justicia se ve obstaculizado para las personas con discapacidad porque en numerosas ocasiones no disponen de conocimientos que les permitan identificar las vulneraciones de sus derechos o los recursos disponibles, también las personas con discapacidad y sus familias deben ser provistas de formación e información al respecto.

---

[239] Relatora Especial sobre los Derechos de las Personas con Discapacidad, Comité sobre los Derechos de las Personas con Discapacidad y Enviada Especial del Secretario General de Naciones Unidas sobre Discapacidad y Accesibilidad *Principios y Directrices Internacionales sobre el Acceso a la Justicia para las Personas con Discapacidad*, cit., Principio 10.

[240] Comité sobre los Derechos de las Personas con Discapacidad, Observación General nº6 "Igualdad y no discriminación", cit., párr.5.

Conclusiones
Sobre vulnerabilidad y discriminación

En términos generales, es posible afirmar que una adecuación del Derecho antidiscriminatorio a las exigencias del concepto de igualdad incorporado al sistema universal de protección de los derechos humanos implica tres movimientos que todavía no se han efectuado. En primer lugar, el desplazamiento de la prohibición de discriminación desde una concepción formal hacia una concepción material de la igualdad y la consiguiente reubicación de la igualdad social entre los objetivos del Estado; en segundo lugar, el desplazamiento desde la perspectiva individual a la perspectiva grupal y, finalmente, la valoración del comportamiento discriminatorio teniendo en cuenta las estructuras de dominación.

A la luz del concepto de igualdad inclusiva, es posible entender que la vulnerabilidad que es el resultado de la estructura social es, en el plano técnico, discriminación entendida como surbodiscriminación, por lo que el alcance del derecho a la igualdad y no discriminación, y los deberes negativos y también positivos que de este derecho se derivan, debería ampliarse en relación con las situaciones, como las contempladas en los capítulos precedentes, en las que la vulnerabilidad es el resultado de la interacción entre la condición individual y las barreras del entorno.

Cabe preguntarse hasta qué punto el recurso a la vulnerabilidad y a la especial vulnerabilidad que aparece, por ejemplo, en la jurisprudencia del Tribunal Europeo de Derechos Humanos a partir del caso *Chapman*[241], no resulta con-

---

[241] A. TIMMER, "A Quiet Revolution: Vulnerability in the European Court of Human Rights", in M.A. FINEMAN and A. GREAR (ed.), *Vulnerability. Reflections on a New Ethical Foundation for Law and Politics*, Ashgate, Farnham, 2013, pp. 147-170.

traproducente desde el punto de vista de un desarrollo del Derecho antidiscriminatorio en el sentido en el que aquí se considera deseable, en la medida en que contribuye a apartar las garantías de la igualdad y no discriminación de las cuestiones en las que está implicada la igualdad material.

Además, la idea de vulnerabilidad, precisamente por proyectare tanto sobre la condición humana, como sobre la situación en la que las personas quedan colocadas como consecuencia de la distribución social del poder, está siendo utilizada en las políticas públicas y en la jurisprudencia del Tribunal Europeo de Derechos Humanos de forma ambigua y no siempre coherente con un enfoque basado en derechos de los problemas que se abordan. Efectivamente, en las intervenciones en relación con los grupos en situación de vulnerabilidad es frecuente que las políticas se orienten a las necesidades y no a los derechos. Por lo anterior, no resulta extraño que con el uso del concepto se incurra en esencialismo, se potencie la estigmatización de los grupos y el enfoque sea paternalista[242]. Sustituir el lenguaje de la vulnerabilidad por el lenguaje de la discriminación podría ser interesante para conjurar estos riesgos de una categoría cuyo uso puede contribuir a restar vinculatoriedad a la igualdad sustancial, extrayendo los derechos que de ella dependen del ámbito de lo obligatorio, para situarlos en el plano de lo potestativo. Finalmente, entiendo que hablar de discriminación en lugar de hablar de vulnerabilidad daría pie para una reflexión en el plano técnico que arrancara de todo el conocimiento construido en torno al Derecho antidiscriminatorio y que permitiera un manejo más riguroso del concepto por parte de los operadores jurídicos.

---

[242] Ver el sentido en el que pueden entenderse estos riesgos y algunas propuestas para evitarlos en L. PERONI and A. TIMMER, "Vulnerable groups: The promise of an emerging concept in European Human Rights Convention Law", *International Journal of Constitutional Law*, 11/4, 2013, pp. 1056-1085, pp. 1070-1074.

Bibliografía

P. ABBERLEY, P., "The Concept of Oppression and the Development of a Social Theory of Disability", Disability, Handicap and Society, vol. 2, nº1, 1987, pp. 5-19.

AGENCIA DE LOS DERECHOS FUNDAMENTALES DE LA UNIÓN EUROPEA, *Access to justice in Europe: an overview of challenges and opportunities,* Luxembourg, European Union Agency of Fundamental Rights, 2010, disponible en *https://fra.europa.eu/en/publication/2011/access-justice-europe-overview-challenges-and-opportunities* (último acceso 5-9-2022).

AGENCIA DE LOS DERECHOS FUNDAMENTALES DE LA UNIÓN EUROPEA Y CONSEJO DE EUROPA, *Manual de legislación europea contra la discriminación,* Oficina de Publicaciones de la Unión Europea, Luxemburgo, 2019, disponible en *https://fra.europa.eu/sites/default/files/fra_uploads/fra-2018-handbook-non-discrimination-law-2018_es.pdf* (último acceso 22-8-2022).

EUROPEAN NETWORK OF LEGAL EXPERTS IN GENDER EQUALITY AND NON-DISRIMINATION, *A comparative análisis of non-discirmination law in Europe 2019,* Publicacion Office of the European Union, Luxembourg, 2020, disponible en *https://op.europa.eu/es/publication-detail/-/publication/a88ed4a7-7879-11ea-a07e-01aa75ed71a1/language-en/format-PDF/source-264633799* (ultimo acceso 22-8-2022).

B. ACKERMAN, "Beyond Carolene Products", *Harvard Law Review,* 98, 1985, pp. 713-746. Publicado en español como "Más allá de *Carolene Products*", trad. Samanta Biscardi y María Cecilia Garibotti, *Revista Jurídica de la Universidad de Palermo,* 10, nº1, 2009, pp. 125-156.

R. ALEXY, *Teoría de los derechos fundamentales,* trad. E. Garzón, Centro de Estudios Constitucionales, Madrid, 1993.

M.J. AÑÓN ROIG, *Necesidades y derechos. Un ensayo de fundamentación,* Madrid, Centro de Estudios Constitucionales, 1994.

M.J. AÑÓN ROIG, *Igualdad, diferencias y desigualdades,* Fontamara, Madrid, 2001.

M. J. AÑÓN ROIG, "Autonomía de las mujeres: una utopía paradójica", en RAMIRO AVILÉS, M.A. y CUENCA GÓMEZ, P., *Los derechos humanos. La utopía de los excluidos.* Dykinson, Madrid, 2010, pp. 127-162.

M.J. AÑÓN ROIG, "Principio antidiscriminatorio y determinación de la desventaja". En *Isonomía,* nº 39, octubre 2013, pp. 127-157, p. 132.

M.J. AÑÓN ROIG, "El derecho de acceso como garantía de justicia: perspectiva y alcance", en C. GARCÍA PASCUAL, C., *Acceso a la justicia y garantía de los derechos en tiempo de crisis: de los procedimientos tradicionales a los mecanismos alternativos,* Tirant lo Blanch, Valencia, 2018, pp. 19-76.

M.J. AÑÓN ROIG, "Transformaciones del derecho antidiscriminatorio: avances frente a la subordinación", *Revista Electrónica. Instituto de Investigaciones Ambrosio K. Gioja,* nº 26, 2021, pp. 29-53.

O.M., ARNARDÓTTIR, «A Future of Multidimensional Disadvantege Equality?, in Arnardóttir, O.M and Quinn, G, *The UN Convention on the Rights of Persons with Disabilities. European and Scandinavian Perspectives,* Martinus Nijhoff Publisheres, Leiden-Boston, 2009, pp. 41-66.

R. DE ASÍS ROIG, "La igualdad en el discurso de los derechos", en J.A. LÓPEZ GARCÍA y J.A. DEL REAL ALCALÁ (Ed.), Los derechos: entre la ética, el poder y el Derecho, Madrid, Dykinson, 2000, p.149-168.

R. DE ASÍS ROIG, *Cuestiones de derechos,* Universidad Externado de Colombia, Bogotá, 2005.

R. DE ASÍS ROIG y M.C. BARRANCO AVILÉS, "El derecho a la promoción de la autonomía personal y atención a las personas en situación de dependencia", en M.C. Barranco Avilés (Coord.), *Situaciones de dependencia, discapacidad y derechos,* Dykinson, Madrid, 2011, pp. 107-132.

R. DE ASÍS ROIG, *Sobre discapacidad y derechos,* Dykinson, Madrid, 2013.

R. DE ASÍS ROIG, "¿Es la asistencia sexual un derecho?". *Revista Española de Discapacidad,* 5/2, 2017, pp. 7-18.

R. DE ASÍS ROIG, "Los ajustes de procedimiento en el discurso de los derechos", *Anales de Derecho y Discapacidad,* nº especial, julio 2022, pp. 15-22.

C. BAILEY, "On the Impossible: Disability Studies, Queer Theory, and the Surviving Crip", *Disability Studies Quaterly,* 39/4, 2019. H. BIRGIN y N. GHERARDI (coords.), *La garantía del acceso a la justicia: aportes empíricos y conceptuales,* México D.F., Fontamara, 2011.

C. BARNES, *Disabled people in Britain and discrimination,* London, Hurst and Co., 1991.

C. BARNES, "The Social Model of Disability. Valuable or irrelevant?", in N. WATSON, A. ROULSTONE and THOMAS, C., *The Routledge Hadbook of Disability Studies,* Routledge, London, 2012, pp. 12-29.

M. C. BARRANCO AVILÉS, *Diversidad de situaciones y universalidad de los derechos,* Dykinson, Madrid, 2011, pp. 25-40.

M.C. BARRANCO AVILÉS, "Derechos humanos y vulnerabilidad. Los ejemplos del sexismo y el edadismo". En Barranco Avilés, M. Carmen y Churruca Muguruza, Cristina (Ed.), *Vulnerabilidad y protección de los derechos humanos,* Tirant lo Blanch, Valencia, 2014, pp. 17-44.

M.C. BARRANCO AVILÉS, "Argumentación y derechos: una cuestión de límites", en F. J. ANSUÁTEGUI (Ed.), *Argumentación y constitucionalismo,* Tirant lo Blanch, Valencia, 2020, pp. 18-63.

M.C. BARRANCO AVILÉS, "La discapacidad intelectual y la discapacidad psicosocial como situaciones de vulnerabilidad", *Cuadernos Electrónicos de Filosofía del Derecho,* nº45, 2021, pp. 24-45.

M.C. BARRANCO AVILÉS, "Justicia, vulnerabilidad y derechos humanos", *Ordines. Per un sapere interdisciplinare sulle istituzioni europee,* nº 2, 2022.

M.C. BARRANCO AVILÉS, "Una defensa de la constitucionalización de los derechos sociales", *Derechos y libertades,* nº 35, 2016, pp. 111-135.

M.C. BARRANCO AVILÉS, M. Carmen: "Exigibilidad de los derechos sociales y democracia". En Ribotta, Silivna y Rossetti, Andrés (eds.), *Los derechos sociales en el siglo XXI. Un desafío clave para el Derecho y la Justicia,* Dykinson, Madrid, 2010, pp. 149-172.

M.A. BARRÈRE UNZUETA, "Igualdad y discriminación positiva: un esbozo de análisis teórico conceptual", *Cuadernos Electrónicos de Filosofía del Derecho,* nº 9, 2003, p. 13.

M.A. BARRÈRE UNZUETA, "Problemas del Derecho antidiscriminatorio: subordinación *versus* discriminación y acción positiva *versus* igualdad de oportunidades, *Cuadernos Electrónicos de Filosofía del Derecho,* nº 9, 2003, disponible en *https://dialnet.unirioja.es/servlet/articulo?codigo=759148#:~:text=Texto%20completo%20(pdf)* (último acceso 5-9-2022).

M.A. BARRÈRE UNZUETA y D. MORONDO TARAMUNDI, "Surbodiscriminación y discriminación interseccional: elementos para una teoría del Derecho antidiscriminatorio", *Anales de la Cátedra de Francisco Suárez,* 45, 2011, pp. 15-42.

M.A. BARRÈRE UNZUETA, "Interseccionalidad como desafío al *mainstreaming* de género en las políticas públicas", *Revista Vasca de Administración Pública,* 87-88, 2010, pp. 225-252.

M.A. BARRÈRE UNZUETA, "Filosofías del Derecho antidiscriminatorio ¿Qué Derecho y qué discriminación? Una visión contra-hegemónica del Derecho antidiscriminatorio", *Anuario de Filosofía del Derecho,* 34, 2018, pp. 11-42.

U. BAXI, *The Future of Human Rights,* Oxford University Press, New Delhy, 2022.

I. BERLIN, "Dos conceptos de libertad", en *Cuatro ensayos sobre la Libertad,* trad. J. Bayón, Alianza, Madrid, 1988, pp. 187-243.

M.G. BERNARDINI, *Disabilità, giustizia, diritto. Itinerari tra filosofia del diritto e Disability Studies,* Giappichelli, Torino, 2016.

M.G. BERNARDINI e O. GIOLO (ed.), *Critical Theory of Human Rights, Le teorie critiche del diritto,* Pacini Giuridca, Pisa, 2017.

M.G. BERNARDINI, *La capacità vulnerabile,* Jovene Editore, Napoli, 2021.

N. BOBBIO, "El tiempo de los derechos", en *El tiempo de los derechos,* trad. R. Asís Roig, Debate, Madrid, 1991, pp. 97-112.

N. BOBBIO, *Igualdad y libertad,* Paidós, Barcelona, 1993.

A. BORSAY, "Personal Trouble or Public Issue?", en L. BURTON y M. OLIVER, M., Disability studies: Past Present and Future, The Disability Press, Leeds pp. 115-137.

M. CAPPELLETTI y B. GARTH, *El acceso a la justicia. La tendencia en el movimiento mundial para hacer efectivos los derechos humanos,* trad. M. Miranda, México D.F., Fondo de cultura Económica, 1996.

E. CARMONA CUENCA, "El principio de igualdad material en la jurisprudencia del Tribunal Constitucional", *Revista de Estudios Políticos,* nº 84, 1994, pp. 265-285.

CERMI, Fundación CERMI Mujeres, EDF, *Poner fin a la esterilización forzosa de las mujeres y niñas con discapacidad,* CINCA, Madrid, 2017.

C. COLEBROOK, "On not becoming man: the materialist politics of unactualized potential", in S. ALAIMO and S. HEKMAN (ed.), *Material Feminisms*, Indiana University Press, Boomington and Indianapolis, 2008, pp. 52-84.

COMISIÓN INTERAMERICANA DE DERECHOS HUMANOS, *Compendio sobre igualdad y no discriminación. Estándares interamericanos,* 2019, OEA/Ser.L/V/II.170 Doc. 31, disponible en *https://www.refworld.org.es/docid/5e2f2fe74.html*, último acceso 22-8-2022.

M. CORKER and S. FRENCH, S., "Reclaiming discourse in disability studies", in M. CORKER and S. FRENCH (eds.), *Disability Discourse,* Buckingham, Open University Press, 1999, pp. 1-12.

S. CORREA, "From reproductive health to sexual rights achievements and future challenges". *Reproductive Health Matters. An International Journal of sexual and reproductive health rights,* 5/10, 1997, pp. 107-116.

L. CUENCA GÓMEZ, "Esterilizaciones forzosas: una violación de los derechos humanos de las mujeres con discapacidad", *Pícara Magazine.* 10-4-2019, disponible en *https://www.pikaramagazine.com/2019/04/esterilizaciones-forzosas-mujeres-con-discapacidad/* (última consulta 2-9-2022).

P. CUENCA CÓMEZ, "Sobre la inclusión de la discapacidad en la teoría de los derechos humanos". En *Revista del Centro de Estudios Políticos,* nº 158, 2012, pp. 103-137.

J. DORADO, *El debate sobre el control de constitucionalidad en los Estados Unidos. Una polémica sobre la interpretación constitucional,* Dykinson, Madrid, 1997.

J. ELY, *Democracy and Distrust. A Theory of Judicial Review,* Harvard University Press, Cambridge/Massachusetts/London, 1980.

C. FABRE, "Constitutionalising Social Rights", *The Journal of Political 'Philosophy,* vol.6, nº 3, 1998, pp. 263-284.

C. FABRE, "Justice, Fairness, and World Ownership", *Law and Philosophy,* nº 21, 2002, pp. 249-273.

C. FABRE, *Social Rights Under the Constitution. Government and the Decent Life,* Oxford University Press, New York, 2004.

M. A. FINEMAN, *The Autonomy Myth. A Theory of Dependency,* The New York Press, New York, 2004.

M.A. FINEMAN, "The Vulnerable Subject: Anchoring Equality in the Human Condition", *Yale Journal of Law and Feminism,* 20/1, 2008, pp. 1-23.

M.A. FINEMAN, "Vulnerability and Social Justice". *Valparaiso University Law Review,* 53/2, 2019, pp. 341-370.

V. FINKELSTEIN, "Attitudes and disabled people", World Rehabilitation Fund, New York, 1980

V. FINKELSTEIN, "To deny or not to deny disability", in BRECHIN, A. et al. (eds.), *Handicap in a Social World,* Sevenoaks, Hodder and Stoughton,1981.

O. FISS, "Groups and the Equal Protection Clause", *Philosophy and Public Affairs,* 1976, 5/2, pp. 107-177.

E. FLYNN, and A. LAWSON, "Disability and Access to Justice in the European Union: Implications of the United Nations Convention on the Rights of Persons with Disabilities", *European Yearbook of Disability Law,* Nº4, 2013, pp. 7-44.

E. FORSTHOFF, "Problemas constitucionales del Estado social", en VV.AA: *El Estado social,* trad. J. Puente, Centro de Estudios Constitucionales, Madrid, 1986, pp. 43-68.

E. FORSTHOFF "Concepto y esencia del Estado social de Derecho", en VV.AA: *El Estado social,* trad. J. Puente, Centro de Estudios Constitucionales, Madrid, 1986, pp. 69-106.

S. FREDMAN, "European Community Discrimination Law: A critique", in *International Law Journal,* 21/2, 1992, pp. 119-134.

S. FREDMAN, "Disability Equality: A Challenge to the Existing Anti-Discrimination Paradigm", in A. LAWSON and C. GOODING (Ed.), *Disability Rights in Europe. From Theory to Practice,* Hart Publishing, Oxford and Portland, 2005, pp. 199-219.

S. FREDMAN, *Human Rights Transformed: Positive Rights and Positive Duties,* Oxford University Press, Oxford, 2008.

S. FREDMAN, "Substantive equality revisited", *International Journal of Constitutional Law*, Vol. 14(3), 2016.

S. FREDMAN, *Discrimination Law,* Clarendon, Oxford University Press, New York, 2011.

M. A. FREEMAN, "Measuring Equality: a Comparative Perspective on Women's Legal Capacity and Constitutional Rights in Five Commonwealth Countries". *Berkeley Women's Law Journal* nº 5, 1989-1990, pp. 110-138, p. 112.

N. FRASER, *Iustitia Interrupta. Reflexiones críticas sobre la condición "postsocialista",* trad. M. Hoguín e I.C. Jaramillo, Siglo del Hombre-Universidad de los Andes, Bogotá, 1997, pp. 19-54, p.38.

R. GARLAND-TOMSON, "Redrawing the Boundaries of Feminist Disability Studies", *Feminist Studies,* 20/3, 1994, pp. 582-595.

R. GARLAND-THOMSON, "Integrating Disability, Transforming Feminist Theory", *NWSA Journal,* nº 14, 2002, pp. 1-32.

R. GARLAND-TOMSON, "Misfits: A Feminist Materialist Disability Concept", *Hypatia,* 26/3, 2011, pp. 591-609.

E. GARZÓN VALDÉS, "Lo íntimo, lo privado y lo público", *Claves de Razón Práctica,* nº 137, 2003, pp. 14-24.

J. GERARDS and Lize R. GLAS, Lize R., "Access to justice in the European Convention on Human Rights system", *Netherlands Quaterly of Human Rights,* 2017, 35/11, pp. 11-30, p. 11.

L. GIANFORMAGGIO, *Eguaglianza, donne e diritto,* a cura di A. FACCHI, C. FARALLI y T. PITCH, Il Mulino, Bolonia, 2005.

J. GONZÁLEZ AMUCHASTEGUI, *Autonomía, dignidad y ciudadanía. Una teoría de los derechos humanos,* Tirant lo Blanch, Valencia, 2004.

K. HENRARD, "The Impact of the Enlargement Process on the Development of a Minority Protection Policy within the EU: Another Aspect of Responsibility/Burden-sharing?", *Maastricht Journal of European and Comparative Law,* 9/4, 2002, 357-393.

L. HIERRO SÁNCHEZ-PESCADOR, "Igualdad, generalidad, razonabilidad y crisis de la ley", *Doxa,* 26, 2003, pp. 449-476.

IJRC, *Forced Sterilization. Developments in International Human Rights Law 2016-2018,* 2019, disponible en *https://ijrcenter.org/wp-content/uploads/2019/03/FS-IHRL-Developments-Summary-w-links.pdf* (último acceso 2-9-2022).

G. INFANTES, "Un año sin esterilizaciones forzosas a mujeres con discapacidad en España: la atrocidad que se prohibió 12 años tarde", *Newtral,* 12 de diciembre de 2021, *https://www.newtral.es/esterilizacion-forzosa-personas-discpacidad-espana/20211212/* (último acceso 2-9-2022).

INSTITUTO DE DERECHOS HUMANOS GREGORIO PECES-BARBA, *Barreras para la igualdad de las mujeres con discapacidad intelectual y psicosocial,* disponible en *http://portal.uc3m.es/portal/page/portal/instituto_derechos_humanos/clinica_juridica/folleto-lectura-facil* (último acceso 2-9-2022).

M. JACKMAN, "Constitutional Contact with the Disparities in the World: Poverty as a Prohibited Ground of Discrimination Under the Canadian Charter and Human Rights Law", *Review of Constitutional Studies,* vol. II, nº 1, 1994, pp. 76-122.

A. KOPPELMAN, *Antidiscrimination Law and Social Equality,* Yale University Press, New Haven and London, 1996.

R. MCRUER, "Compulsory Able-bodiedness and Queer/Disabled Existence", in S. L. SNYDER, B.J. BRUEGGEMANN and R. GARLAND-THOMSON (ed.) *Disability Studies: Enabling the Humanities,* Modern Laguage Association of America, New York, 2002, pp. 301-308.

R. MCRUER, *Crip Theory. Cultural Signs of Queerness and Disability,* New York University Press, New York and London, 2006.

J. MARTÍNEZ DE PISÓN, *Políticas de bienestar. Un estudio sobre los derechos sociales*, Tecnos, Madrid, 1998.

H.R. NOZICK, *Anarquía, Estado y Utopía,* trad. R. Tamayo, Fondo de Cultura Económica, México, 1990.

M. NUSSBAUM, "Capabilities and Human Rights", Fordhanm Law Review, nº 66 (2), 1997, pp. 273-300.

M. NUSSBAUM, *Las mujeres y el desarrollo humano,* trad. R. Bernet, Herder, Barcelona, 2002, p. 129.

M. NUSSBAUM, *Las fronteras de la justicia Consideraciones sobre la exclusión,* trad. de R. Vila Vernis y A. Santos Mosquera, Paidós, Barcelona, 2007, 163-226.

M. NUSSBAUM, *Crear capacidades. Propuesta para el desarrollo humano*, trad. A. Santos Mosquera, Paidós, Barcelona, 2012.

C. O'CINNEIDE, "A New Generation of Equality Legislation? Positive Duties and Disability Rights", in A. LAWSON and C. GOODING, *Disability Rights in*

Europe. From Theory to Practice, Hart Publishing, Oxford and Portland, 2005, pp. 219-247.

ONU, Asamblea General, "Sexual and reproductive health and rights of girls and young women with disabilities: Report of the Special Rapporteur on the rights of persons with disabilities", A/72/133 (14 july 2017), disponible en: *https://ap.ohchr.org/documents/dpage_e.aspx?si=A/72/133* (último acceso 2-9-2022).

ONU, Asamblea General. "La persistencia de la pobreza extrema: cómo la igualdad real puede romper los círculos viciosos: Informe del Relator Especial sobre la extrema pobreza y los derechos humanos", 2021, A/76/177, disponible en *https://documents-dds-ny.un.org/doc/UNDOC/GEN/N21/197/50/PDF/N2119750.pdf?OpenElement* (último acceso 1-9-2022).

D. B. OPENHEIMER, "The impact of the COVID-19 pandemic on equality in the United States", *European equality law review,* 2020/2, pp. 11-21.

S. ORTOLEVA, "Inaccessible Justice: Human Rights, Persons with Disabilities and the Legal System", *ILSA Journal of International And Comparative Law,* 17/2, 2010, pp. 281-320, p. 286.

A. PALACIOS, *El modelo social de discapacidad: orígenes, caracterización y plasmación en la Convención Internacional sobre los Derechos de las Personas con Discapacidad,* Madrid, Cinca, 2008, pp. 37-101.

G. PISARELLO, "El Estado social como Estado constitucional: mejores garantías, más democracia". En V. ABRAMOBICH, M.J. AÑÓN ROIG y C. COURTIS, *Derechos sociales. Instrucciones de uso,* Fontamara, México, 2002, pp. 23-50.

G. PECES-BARBA, R. DE ASÍS ROIG, C.R. FERNÁNDEZ LIESA Y A. LLAMAS CASCÓN, *Curso de Derechos Fundamentales. Teoría General,* BOE-uc3m, Madrid, 1995.

G. PECES-BARBA, E. FERNÁNDEZ GARCÍA, R. DE ASÍS ROIG, F.J. ANSUÁTEGUI ROIG Y C. R. FERNÁNDEZ LIESA (Dir.), *Historia de los Derechos Fundamentales,* Dykinson, Madrid, 2012.

I. PERELLÓ DOMÉNECH, "El principio de proporcionalidad y la jurisprudencia constitucional", *Jueces para la democracia,* nº 28, 1997, pp. 69 y ss.

A.E. PÉREZ LUÑO, *Dimensiones de la igualdad*, Dykinson, Madrid, 2005.

L. PERONI and A. TIMMER, "Vulnerable groups: The promise of an emerging concept in European Human Rights Convention Law", *International Journal of Constitutional Law,* 11/4, 2013, pp. 1056-1085.

PLENA INCLUSIÓN ESPAÑA, *Acceso a la justicia: ajustes de procedimiento para personas con discapacidad intelectual y del desarrollo,* 2018, disponible en *https://www.plenainclusion.org/sites/default/files/acceso_a_la_justicia_web.pdf* (último acceso 5-9-2022).

G. QUINN, G. and A. ARSTEIN-KERSLAKE, "Restoring the 'human' in 'human rights': personhood and doctrinal innovation in the UN disability convention", in C. GEARTY, and C. DOUZINAS, *Human Rights Law,* Cambridge University Press, 2012, pp. 36-55.

G. QUINN, and T. DEGENER, (*et. al.*), *The current use and future pontential of United Nations human rights instrument in the context of disability,* United Nations, New York and Geneva, 2002.

RELATORA ESPECIAL SOBRE LOS DERECHOS DE LAS PERSONAS CON DISCAPACIDAD, COMITÉ SOBRE LOS DERECHOS DE LAS PERSONAS CON DISCAPACIDAD Y ENVIADA ESPECIAL DEL SECRETARIO GENERAL DE NACIONES UNIDAS SOBRE DISCAPACIDAD Y ACCESIBILIDAD, *Principios y Directrices Internacionales sobre el Acceso a la Justicia para las Personas con Discapacidad,* 2020, pp. 6 y 7, disponible en *https://www.un.org/development/desa/disabilities/wp-content/uploads/sites/15/2020/10/Access-to-Justice-SP.pdf,* (último acceso 5-9-2022).

F. REY MARTÍNEZ, "¿De qué hablamos cuando hablamos de igualdad constitucional?", *Anales de la Cátedra de Francisco Suárez,* n°45, 2011, pp. 167-181.

F. REY MARTÍNEZ, "Igualdad y prohibición de discriminación: de 1978 a 2018", *UNED. Revista de Derecho,* n° 100, 2017, pp. 125-171.

J.L. REY PÉREZ, *La democracia amenazada,* Universidad de Alcalá, 2012.

S. RIBOTTA, "Necesidades, igualdad y justicia. Construyendo una propuesta igualitaria de necesidades básicas". En *Derechos y Libertades, n°* 24, 2011, pp. 259-299.

F. RUBIO LLORENTE, "La igualdad en la jurisprudencia del Tribunal Constitucional. Introducción", *Revista Española de Derechos Constitucional,* n° 31, 1991, pp. 9-36.

A. RUIZ MIGUEL, "Concepciones de la igualdad y justicia distributiva", en E. DÍAZ y J.L. COLOMER, *Estado, justicia, derechos,* Alianza, Madrid, 2002, pp. 211-242.

M.L. SERRA, *Mujeres con discapacidad: sobre la discriminación y opresión interseccional,* Madrid, Dykinson, 2017, pp. 404 y ss.

S. C. SIMPLICAN, "Feminist disability studies as methodology: life-writing and the abled/ disabled binary". *Feninist Review,* n° 115, 2017, pp. 46-60, p. 47.

J.P SHAPIRO, *No Pity. People with Disabilities Forging a New Civil Rights Movement,* Three Rivers, New York, 1994.

T. SHAKESPEARE and N. WATSON, “The social model of disability: an outdated ideology?”, *Research in Social Science and Disability*, nº. 2, 2002, pp. 9-28.

T. SIEBERS, *Disability Theory,* University of Michigan Press, 2008.

A. TIMMER, “A Quiet Revolution: Vulnerability in the European Court of Human Rights”, in M.A. FINEMAN and A. GREAR (ed.), *Vulnerability. Reflections on a New Ethical Foundation for Law and Politics*, Ashgate, Farnham, 2013, pp. 147-170

F. VON HAYEK, *Camino de Servidumbre,* trad. J. Vergara, Madrid, Alianza, 1978.

I. M. YOUNG, *Justice and the politics of difference,* Princenton University Press, N. Jersey, 2011. Hay traducción de la edición de 1990 por S. Álvarez, Cátedra, Madrid, 2000.

CUADERNOS "BARTOLOMÉ DE LAS CASAS"

NÚMEROS PUBLICADOS

1 EL DISCURSO DE LOS DERECHOS. Del problema terminológico al debate conceptual, *por M.ª del Carmen Barranco Avilés.*

2 PODER, ORDENAMIENTO JURÍDICO, DERECHOS, *por Francisco Javier Ansuátegui Roig.*

3 EL DEBATE SOBRE EL CONTROL DE CONSTITUCIONALIDAD EN LOS ESTADOS UNIDOS. Una polémica sobre la interpretación constitucional, *por Javier Dorado Porras.*

4 ENTRE LA RAZÓN DE ESTADO Y EL ESTADO DE DERECHO: La racionalidad política, *por Eusebio Fernández García.*

5 LA INTERVENCIÓN JURÍDICA DE LA ACTIVIDAD MÉDICA: El consentimiento informado, *por Ángel Pelayo González-Torre.*

6 LOS DERECHOS HUMANOS: DESDE LA PERSPECTIVA SOCIOLÓGICO-JURÍDICA A LA «ACTITUD POSTMODERNA», *por María José Fariñas Dulce.*

7 LEY, PRINCIPIOS, DERECHOS, *por Luis Prieto Sanchís.*

8 OTRO ESTUDIO MAS DEL ABORTO. LA INDICACIÓN EUGENÉSICA Y SU FUNDAMENTACIÓN, *por Fernando Reviriego Picón.*

9 EN TORNO AL ORIGEN DEL CONCEPTO MODERNO DE SOCIEDAD CIVIL (Locke, Ferguson y Hegel), *por María Isabel Wences Simon.*

10 FUNDAMENTOS PARA EL RECONOCIMIENTO JURÍDICO DE LAS UNIONES HOMOSEXUALES PROPUESTAS DE REGULACIÓN EN ESPAÑA, *por Pedro A. Talavera Fernández.*

11 DERECHOS SOCIALES Y POSITIVISMO JURÍDICO. Escritos de Filosofía Jurídica y Política, *por Gregorio Peces-Barba Martínez.*

12 DERECHOS LINGÜÍSTICOS Y DERECHO INTERNACIONAL, *por Carlos R. Fernández Liesa.*

13 RELIGIÓN Y POLÍTICA EN EL REINO UNIDO EN EL SIGLO XVIII, *por Óscar Celador Angón.*

14 SOBRE LA DEMOCRACIA DE JEAN-JACQUES ROUSSEAU, *por José Manuel Rodríguez Uribes.*

15 ARGUMENTACIÓN JURÍDICA Y RACIONALIDAD EN A. AARNIO, *por José Manuel Cabra Apalategui.*

16 GLOBALIZACIÓN, CIUDADANÍA Y DERECHOS HUMANOS, *por María José Fariñas Dulce.*

17 SOBRE EL CONCEPTO Y EL FUNDAMENTO DE LOS DERECHOS: Una aproximación dualista, *por Rafael de Asís.*

18 HEREJÍA Y TRAICIÓN: Las doctrinas de la persecución religiosa en el siglo XVI, *por Diego Blázquez Martín.*

19 CUOTA DE MUJERES Y RÉGIMEN ELECTORAL, *por Elviro Aranda Álvarez.*

20 MATERIALES PARA UNA REFLEXIÓN SOBRE LOS DERECHOS COLECTIVOS, *por Andrés García Inda.*

21 DIGNIDAD HUMANA Y CIUDADANA COSMOPOLITA, *por Eusebio Fernández García.*

22 ¿GUERRAS EN DEFENSA DE LOS DERECHOS HUMANOS?, *por Federico Arcos Ramírez.*

23 SISTEMAS JURÍDICOS Y CONFLICTOS NORMATIVOS, *por Mario Ruiz Sanz.*

24 LA RESPONSABILIDAD INTERNACIONAL DE NACIONES UNIDAS, *por Félix Vacas Fernández.*

25 EL HUMANISMO COSMOPOLITA EN IMMANUEL KANT, *por Fernando H. Llano.*

26 LA DIGNIDAD DE LA PERSONA DESDE LA FILOSOFÍA DEL DERECHO, *por Gregorio Peces-Barba Martínez.*

27 EL DERECHO A LA EDUCACIÓN Y LA LIBERTAD DE ENSEÑANZA, *por José Martínez de Pisón.*

28 INEFICACIA, ANOMIA Y FUENTES DEL DERECHO, *por Mª José González Ordovás.*

29 EL IMPERIO DE LA INTERPRETACIÓN. Los fundamentos hermenéuticos de la teoría de Dworkin, *por Pablo Raúl Bonorino.*

30 LA GLOBALIZACIÓN ILUSTRADA. Ciudadanía, derechos humanos y constitucionalismo, *por Alfonso de Julios-Campuzano.*

31 TEORÍA DE LA CONSTITUCIÓN, *por José Joaquim Gomes Canotilho.*

32 LOS PRINCIPIOS EN EL DERECHO Y LA DOGMÁTICA PENAL, *por Olga Sánchez Martínez.*

33 IUSNATURALISMO Y POSITIVISMO JURÍDICO: Una revisión de los argumentos en defensa del iuspositivismo, *por Javier Dorado Porras.*

34 DIMENSIONES DE LA IGUALDAD, *por Antonio Enrique Pérez Luño.*

35 LA POLÉMICA LIBERAL COMUNITARISTA: Paisajes después de la batalla, *por Oscar Pérez de la Fuente.*

36 ESTUDIOS SOBRE LA LEY INTEGRAL CONTRA LA VIOLENCIA DE GÉNERO, *por Elviro Aranda (dir.).*

37 EL CONTROL CONSTITUCIONAL DE LA REFORMA A LA CONSTITUCIÓN *por Roberto Rodríguez Gaona.*

38 LOS ORÍGENES DEL REPUBLICANISMO CLÁSICO: Patrios Politeia y Res Publica, *por Ramón Ruiz Ruiz.*

39 FUNCIÓN SOCIAL DE LA PROPIEDAD Y LATIFUNDIOS OCUPADOS. LOS SIN TIERRA DE BRASIL, *por Mario G. Losano.*

40 LOS DERECHOS DE LAS PERSONAS MAYORES. Perspectivas sociales, jurídicas, políticas y filosóficas, *por Diego Blázquez Martín.*

41 LA NEGACIÓN DE LOS DERECHOS DE LOS NIÑOS EN PLATÓN Y ARISTÓTELES, *por Ignacio Campoy Cervera.*

42 SOBRE LA ACCESIBILIDAD UNIVERSAL EN EL DERECHO, *por VV.AA.*

43 DERECHOS HUMANOS Y SITUACIONES DE DEPENDENCIA, *por Rafael de Asis y Agustina Palacios.*

44 EL POR QUÉ Y EL PARA QUÉ DE LAS PENAS, *por Abraham Castro Moreno.*

45 VALORES CONSTITUCIONALES Y DERECHO, *por Eusebio Fernández García.*

46 EL DERECHO DE SUFRAGIO DE LOS EXTRANJEROS, *por Antonio Ibáñez Macías.*

GRACIAS POR CONFIAR EN NUESTRAS PUBLICACIONES

Al comprar este libro le damos la posibilidad de consultar gratuitamente la versión ebook.

Cómo acceder al ebook:

- **Acceda a nuestra página web,** sección Acceso ebook (www.dykinson.com/acceso_ebook)
- **Rellene el formulario** que encontrará facilitando, el código de acceso que le facilitamos a continuación así como los datos con los que quiere acceder al libro en el futuro (correo electrónico y contraseña de acceso).
- Si ya es **cliente registrado**, deberá acceder con su **correo electrónico y contraseña habitual**.
- Una vez registrado, **acceda a la sección Mis e-books de su cuenta de cliente**, donde encontrará la versión electrónica de esta obra ya desbloqueada para su uso.
- Para acceder al libro en el futuro, ya sólo es necesario que se identifique en nuestra web con su correo electrónico y su contraseña, y que se dirija a la sección Mis ebooks de su cuenta de cliente.

CÓDIGO DE ACCESO

DYK062709

Rasque para ver el código

Nota importante: Sólo está permitido el uso individual y privado de este código de acceso. Está prohibida la puesta a disposición de esta obra a una comunidad de usuarios.

MANTÉNGASE INFORMADO DE LAS NUEVAS PUBLICACIONES

Suscríbase gratis al boletín informativo www.dykinson.com

Y benefíciese de nuestras ofertas semanales